KB040703

다음 세대를 생각하는
인문교양 시리즈

발견이
전부다

인생이 만든 광고, 광고로 배운 인생

권덕형 지음

샘터

작은 것을 큰 것 보듯

봄이 오는 것은 '큰' 사건입니다. 길가에 야생화 한 송이가 피어나는 것은 '작은' 사건이지요. 대학입시는 '중요'한 것입니다. 배낭을 메고 멀리 떠나는 여행은 여의치 않다면 하지 않아도 좋을 정도의 '중요하지 않은' 일이지요. 당장의 회사 업무는 '시급'하고 몇 주째 뵙지 못한 어머니에게 인사를 하러 가는 것은 한 주 더 '늦추어도 좋은' 일입니다.

우린 오랫동안 큰 것 위주의 기준을 만들고 그에 따라 중시해야 할 것과 무시해도 좋을 것들을 나누었습니다. 돈, 성공, 관습, 유행……. 어기면 벌을 받거나 손해 볼 것 같고, 외면하면 내가 소외될 것 같은 기준들 말입니다. 한편, 무시해도 좋을 것들은 말 그대로 눈길을 주어 '발견하지 않아도 되는' 가치들이었습니다.

하지만 우리는 압니다. 그동안 눈길 주지 않던 것들에 인생의 의

미는 더 크게 숨어 있음을. 시인들은 작고 소박한 것들을 사랑했고, 꽃 한 송이에도 우주의 섭리가 담겨 있음을 보았습니다. 그렇게 탄생한 시는 매년 오던 봄을 새롭게 느끼게 합니다. 현자들은 가지 않아도 될 길을 갈망했고, 모든 것을 버리고 떠난 길 위에서 깨달음의 단초를 발견했습니다. 그가 공유해 준 진리는 수백 수천 년을 이어오며 많은 이들에게 살아갈 힘을 선물했습니다.

요즘 들어 일과 생활의 밸런스를 찾는 이들이 늘고, 작지만 확실한 행복을 찾는 경향이 커진 것은 비로소 우리가 무엇을 발견해야 하는지, 발견이란 어떤 것인지를 암시합니다. 발견은 그런 것이겠지요. 예전의 기준이, 물질만능과 성과주의가 외면했던 것들을 새롭게 보는 것입니다. 예전의 기준들에 압도되면 발견의 싹은 결코 자라나지 않는데, 그 압도적 힘에 저항하고 있는 것입니다.

대부분 '발견'이 어려운 이유는 정보가 너무 없어서거나, 누군가 찾기 어려운 곳에 꽁꽁 숨겨 놓아서가 아닙니다. 쉽게 결론 내리는 마음, 편하고 무난한 방식에 안주하는 습관이 사고를 게으르게 만들기 때문입니다. 이 게으름을 벗어나면 눈에 보이지 않던 것들이 보이기 시작합니다.

삶이라든지, 지혜라든지, 진심이라든지 하는 것들이 전체로서의 자신을 한 번에 드러내는 경우는 많지 않습니다. 대부분은 작은 조각의 모습으로 우리 곁에 흩어져 있습니다. 그러니 좋은 발견자가 되려면 우선은 퍼즐의 조각을 찾는 절실한 심정으로 눈 비비고 귀를 열어 자세히 들여다볼 필요가 있습니다. 작다고 해서 전체와는 상관없다 업신여기거나, 언뜻 보아 중요하지 않다고 생각해서 쉽게 버려선 안 됩니다. 조각은 전체로 가는 열쇠입니다. 조각을 귀하게 대하는 자세는 발견의 기본 자세입니다. 조각들의 목소리에 귀를 기울이고, 조각과 조각을 연결하는 노하우를 익히면 곧 전체와 마주하게 될 것입니다. 작은 것을 사랑하는 마음에 성실함이 더해지면, 발견은 곧 습관이 되고 능력이 될 것입니다.

발견을 잘 하려면 작은 것을 큰 것 보듯 보면 됩니다. 짧게 지나치고 말던 것을 신중히 보아야 할 일과 마찬가지로 길게, 오래, 눈여겨보면 됩니다. 피곤한 일이고 신경 쓰이는 일입니다. 성실해야 하는 일입니다. 열정과 땀이 필요한 일이고, 따뜻한 시선을 가지지 않고는 불가능한 일이라 매우 인간적인 일이라 할 수 있습니다.

로봇에게 많은 것을 넘겨줘야 할 4차 산업혁명의 시대에, 발견이라는 창의적인 행위는 인간의 필수 덕목이고 인간이 인간다울 수 있는 몇 안 되는 요소일지도 모릅니다.

통찰과 지혜를 발견하는 과정을 너무 어려워할 필요가 없다는 점도 말해 두고 싶습니다. 시인들과 철학자들이, 수많은 선인들과 현자들이, 혹은 우리 삶을 바꾼 천재들이 그렇게 했던 것처럼, 익숙한 것들에서 실마리를 잘 찾아내는 것으로도 훌륭한 시작이 됩니다.

우리 자신과 생활 주변 평범한 것들 속에 보편적인 가치와 연결의 코드가 숨어 있는게 틀림없으니, 우리는 그저 발견만 잘 하면 되는 쉬운 과제를 받았다고 할 수 있습니다. 다행스러운 일이지요. 무에서 유를 창조할 어마어마한 책임이 주어지는 대신, 이미 창조된 세상에 뿌려진 조각들에서 패턴과 의미와 코드를 찾아내는 것만으로도 우리는 충분히 창조적인 사람으로 살 수 있으니까요.

이 책은 발견의 노하우를 설명해 주지는 않습니다. 다만 톡톡 튀는 광고 아이디어도 사실은 삶의 작은 부분들을 따뜻하게 눈여겨 보는 관찰과 발견의 힘에서 나온다는 것을 보여 줍니다. 광고 하나를 보면서도 내 삶과 연결된 부분이 무엇인지 한 번 더 생각해 보고, 광고를 통해 인생의 의미와 소중함을 다시 살펴보고 싶었던 마음의 결과물이기도 합니다. 눈에 잘 안 띄는 조각같이 작은 글이지만 그 안에서 나름의 발견을 이루시길 바랄 뿐입니다.

생각의 산을 오르고 오르며,
권덕형

| 차 례 |

1장.

인생
광고

인생의 진리가 광고에 스미다

성취를 위해서, 혹은 인생을 위해서
우리는 어떤 식으로든
몸을 지불하며 사는 것이 아닐까?

브랜드 | Nike(2002)
광고주 | Nike, Inc.
국가 | Canada

몸을 지불하며
살아간다는 것

지금은 번듯한 외국계 광고 대행사 제작 총괄 임원으로 재직 중인 한 선배를 생각할 때마다 늘 죄송스럽다. 어느 해 메인 광고주 쪽에서 인 하우스 에이전시In House Agency(그룹이나 대기업에서 자사 광고를 전담시키기 위해 만든 계열사)를 설립하게 되면서 회사가 거의 문을 닫아야 하는 상황이 되었다. 본인도 어찌 될지 모르는 상황에서 내 이직에 신경을 많이 써주신 것에 고마움을 표현하지 못한 것이 여전히 죄송하고, 극심한 원형탈모가 진행될 정도로 스트레스가 많았던 선배에게 그다지 큰 도움이 되지 못했다는 자책도 있다.

어떤 회사, 어떤 팀장들이나 성과나 퍼포먼스에 대해서 스트레스를 받는다. 물론 광고 회사 팀장(대부분 크리에이티브 디렉터)들도 예외 없이 꽤 큰 스트레스를 받으며 산다. 특히나 CF에 대한 대중의 반응이 여과 없이 전해지고, 크리에이티브란 것이 시간과 노력만을 투자해서 나오는 것이 아니므로 능력에 대한 자괴감과 풀리지 않는 과제에 대한 좌절감은 상당히 크다. 경쟁 프레젠테이션을 통해 광고 물량을 수주하지 못하면 팀 한두 개 정도의 직원은 우습게 쫓아내는 광고 회사의 살벌한 풍경을 생각하면, 결코 쉽지 않은 자리임이 틀림없다.

당시 선배의 머리에 500원짜리만 한 탈모가 여러 군데 생기고, 주변의 머리카락으로 덮는 것으로 부족해 모자를 쓰고 다녀야 할 정도가 된 데는, CD(크리에이티브 디렉터)의 고유한 스트레스에 회사 내외부의 유독 심한 견제와 압박이 더해졌기 때문이었다. 아무튼 '진짜 저러다 사람 망가지지' 싶을 정도였다. 대부분의 광고인이 저녁 TV 시청, 친구들과의 술자리, 가족과 보낼 주말까지 반납하면서 직장을 다녔다면, 선배는 그에 더해 날마다 머리카락 한 움큼씩을 지불했던 것이다.

군은살과 상처로 얼룩진 축구선수 박지성의 발과 발레리나 강수진의 고목나무 같은 발이 화제에 오른 적이 있다. 영광 뒤에 감춰진 인고의 시간을 드러내는 김연아의 상처투성이 발도 뭇사람들의 마음을 움직였다. 언론이 이들의 발에 주목하기 훨씬 전부터, 나이키는 거의 기형이 되다시피 한 스포츠 스타들의 신체에 주목했다. 광고는 월드 스타들의 신체를 클로즈업해 보여 주는데, 마치 병동에 온 듯한 착각이 들 정도로 그들의 신체는 심하게 훼손되거나 변형돼 있었다.

스포츠는 몸을 지닌 인간의 가장 강렬한 자기표현이다. 광고는 그 이면을 드러내며 진정한 스포츠 정신이 무엇인지를 암시하고자 했던 것이다. 앞쪽의 광고 중 첫 번째는 테니스 선수 안드레 애거시가 두 팔을 내밀었을 때의 사진이다. 오른팔과 왼팔은 마치 다른 사람의 팔인 것처럼 굵기 차이가 심하다. 주로 사용하는 쪽 팔만 유독 발달한 탓이다.

또 다른 광고 시리즈는 스포츠를 즐기다가 입은 상처들을 보여 준다. 산악 러닝을 하다가 입은 상처나 필드 경기를 하다가 골라인에서 태클을 받아 생긴 복부의 상처를 보여 주는 식이다.

놀라운, 때론 끔찍한 그 사진들을 보며 사람들은 빛나는 영광 뒤에 숨은 인고의 시간을 헤아릴 수 있었고, 영광의 시간을 더욱 영광스럽게 우러러볼 수 있었다. 나는 그 광고들을 보면서 '성취를 위해서, 혹은 인생을 위해서 우리는 어떤 식으로든 몸을 지불하며 사는 것이 아닐까?'라고 생각했다.

두 번이나 영화화되었던 이현세 원작 만화《공포의 외인구단》에는 조상구라는 투수가 나온다. 한물간 투수였던 그는 외인구단에 합류하면서 네 번째 손가락을 스스로 자르는데, 누구도 칠 수 없다는 너클볼을 구사하기 위해서였다. 자신의 한계를 극복하고 투수라는 천직을 위해 손가락을 지불했던 것이다. 너클볼에 대한 환상을 극대화한 매우 만화적인 상황이긴 해도, 꿈을 이루기 위해 몸의 일부를 버릴 수도 있음을 상징적으로 보여 준 장면이었다.

만화에서뿐만 아니라 실제로도 목표를 이루기 위해 손발을 잃는 경우가 많다. 전문 산악인들은 늘 동상의 위험에 노출된다. 김홍빈 씨는 북미 최고봉 맥킨리를 오르다 동상으로 열 손가락을 모두 잃었다. 그러나 그 후로도 도전을 계속해 세계 7대륙 최고봉에 오르는 불굴의 의지를 보여 주었다. 국내 모 기업의 광고에 모델로 나왔던 주철장 원광식 씨(중요무형문화재 제112호)도 쇳물에 한쪽 눈의 시력을 잃었다고 밝히고 있다.

유명인들이나 위대한 성취를 이룬 사람들만 몸을 대가로 지불하는가? 인생은 어찌 그리 가혹한지 우리 같은 평범한 이들에게조차 요구하는 것이 많다.

어머니는 한때 가세가 기울었을 때 식당을 열어 재기의 방편으로 삼으셨다. 좁은 주방에서 뜨거운 가스 불을 다루느라 몸이 한두

발견이 전부다

군데가 망가진 게 아니었다. 호흡기가 안 좋아지고 몸 여러 곳에 치유되지 못할 통증이 생겼으니 어찌 보면 몸으로 지불한 게 많았다. 사정이 가혹할수록, 얻기 힘든 것을 얻으려 할수록 생은 더 많은 '몸'을 요구하는가 보다.

또한 우리는 몸을 지불하느라 조금은 기형으로 살아간다. 오래도록 칼을 다루느라 손가락 하나가 조금씩 깎여 나가 짧아진 요리사의 이야기는 삼사십 년 동안 부엌일을 도맡아 하면서도 여전히 몇 달에 한 번씩은 크게 손을 베이는 어머니들의 확장일 따름이다. 작고 가느다란 것을 뚫어져라 보면서 일하느라 시력이 나빠지는 건 가장 싸게 지불하는 경우일까, 아니면 가장 보편적으로 지불하는 경우일까? 시력은 가장 쉽게 인생에 지불하는 액수다. 도시 생활, 과도한 전자기기 몰입, 밤낮없이 책에 머리를 박게 하는 과잉학습 시대가 요구한 대가다. 그래서 안경을 쓰는 비율과 쓰지 않는 비율이 거의 같아진 기형의 시대에 우리는 살고 있는 것이다.

어릴 적의 흉터도 그렇다. 놀이나 체육 활동, 친구 간의 우정이 그것을 요구했는지도 모른다. 내 이마 한가운데 있는 흉터는 장난감 기차를 가지고 놀다가 동네 아이들에게 뺏길까 두려워 뛰다가 넘어져 돌부리에 찍힌 것이다. 그때 흘렸던 피와 남은 상처는 유년 시절의 욕심과 두려움이 요구한 대가다.

업무 스트레스 때문에 위장병에 걸리는 사람, 업무상 접대로 간을 버리는 사람, 장시간 컴퓨터 이미지 작업으로 손목이나 허리를 다치는 광고업계 디자이너도 부지기수다. 나중에 그들이 노년이 되었을 때, 매일 삐걱거리는 몸 때문에 괴로워하고 약을 달고 살 것을 생각하면 생업과 생활은 가혹하게 몸을 요구한다는 느낌이다.

무엇을 내주어야 인생은 지속되는가? 어머니들은 무엇을 내주며 당신과 그 자식을 위해 인생을 지탱했는가? 아버지들은 몸의 어느 곳에 상처를 내거나 굳은살을 박으면서, 몸의 어느 뼈를 뒤틀어 가며 가장으로서의 인생을 지탱했는가? 부모님은 몸에 있는 기름기를 자식에게 주고 우리는 그 동력으로 인생을 달리고 있는지도 모른다. 팽팽하던 그 동력을 다시 다음 세대에게 건네고 다음 세대는 그것을 얻어 살아가는 것이리라.

직업을 얻거나 유지하기 위해 직업병이라는 게 생긴다면 인생을 얻거나 유지하기 위해서도 크고 작은 질병과 흉터와 기형들이 생기니, 이것을 '인생병'이라 부를까? 인생은 뭐 이다지도 요구하는 게 많은가?

His potential is ours.

자신을 미워하거나 버려두지 않도록,
누구에게나 저 모퉁이를 돌면
'나를 알아주는' 존재가 기다리고 있으면 좋겠다

광고명 | Power Of Wind(2007)
브랜드 | EPURON
국 가 | Germany

네가 나를
발견해 주었을 때

여자들의 치마를 들치거나, 놀이터에서 아이들에게 모래를 뿌리거나, 머리를 헝클어뜨리거나, 높은 층 창가에 놓인 화분을 떨어뜨려 행인을 놀라게 하거나, 노숙인이 줍고 있던 플라스틱 병들을 내팽개치고, 파티장의 천막을 넘어뜨리고, 창의 덧문을 부수고, 노인의 우산을 뒤집고, 지나가던 사람의 모자를 툭 건드리는 남자를, 당신은 용서할 수 있는가?

여기 우락부락하게 생긴 한 남자가 있다. 그는 인터뷰를 통해, 자신은 늘 오해를 받았으며 세상은 자기를 미워한다고 말한다. 그리고 자신은 늘 남을 화나게 하는 행동만 했다는 고백을 덧붙인다. 위에서 얘기한 수많은 몹쓸 짓들이 바로 그것이다. 거기에 '너무 강했기 때문'일 거라는 나름의 분석도 덧붙인다. 아무튼, 자신은 늘 외로웠다고 말한다.

그러던 어느 날 한 사람을 만나면서 모든 것이 달라졌다고 한다. 평소 악행을 일삼던 버릇 그대로 공원 벤치에 앉아 있는 한 남자의 신문을 툭툭 치는데, 남자는 놀랍게도 그에게 옆자리에 앉을 것을 권하고 악수를 청하며 명함을 주기까지 했다고 한다. 이 만남 이후로 모든 것이 달라졌고, 자신은 쓸모 있는 존재가 됐다고 말한다. 남자는 옆에 있던 풍력 발전기 모형을 손으로 돌린다.

그리고 인터뷰 마지막에 자막이 뜬다.

The Wind
His potential is ours
바람, 그의 잠재력은 우리가 잘 다룹니다

풍력발전에 투자하고, 독일 정부와 협력하고 있다는 어느 기업의 광고이다.

이 광고는 참 매력적이다. 풍력 에너지라는 물질적인 대상을 저렇게 시적으로, 그러나 본질을 충실히 표현하면서 전달할 수 있다니! 하나의 기업이 새로운 사업을 펼치고 있다는 사실을 이렇게 우아하게 표현할 수 있다니! 재미있고 훈훈하고 부러운 광고다.

광고는 '발견의 예술'이라 할 수 있다. 남들도 잘 알고 있는 것, 이미 밝혀진 사실을 전하는 것만으로는 좋은 광고가 될 수 없다. 반면에 제품 속에서 아직 발견되지 못한 장점들을 찾고 알린다면 소비자는 '뉴스'를 접하는 셈이 된다. '뉴스'는 제품을 다시 보게 하고, 마음을 움직인다. 이렇게 '발견'을 담아야 광고가 제 일을 하게 된다.

제품이나 기업에서 '뉴스'를 발견하는 일 말고도, 크리에이터들은 새로운 표현 방법을 찾으려고 고심한다. 지금까지 보지 못했던 이미지, 혹은 지금까지 사용되지 않았던 화법을 찾기 위해 필사적이다. 남이 보여 줬던 이미지를 다시 보이거나, 남이 하던 화법 그대로를 얘기하는 것은 큰 감흥을 주지 못하기 때문이다. 크리에이티브의 전부는 '발견'이라 말할 수 있을 정도로 광고 속 표현에서도 발견은 빼놓을 수 없는 개념이다.

이 광고는 '풍력발전을 시작했다'라는 사실만을 전하고 있지는 않다. 이 광고가 재미있는 것은 먼저 풍력발전의 이면에 숨은 스토리를 발견했다는 점이다. 그다음으로는 누구도 생각하지 못한 방법으로 바람을 표현했다는 점이다. 바람이 미움을 받고 외면당했다는 사실의 발견은 놀랍지 않은가? 바람을 하나의 인격체로 볼 수 있다는 표현 방식의 발견이 놀랍지 않은가? 이와 같은 발견의 힘으로 '우리 회사는 풍력발전을 합니다'라는 딱딱한 사실이 재미있는 광고로 승화되어 기업에 대한 호감도를 높이고 있다.

광고만이 아니다. 사람살이가 다 발견이다. 서로를 발견하는 것, 발견하기 위해 사랑하는 것, 발견한 것을 소중히 하는 것이 우리네 삶의 핵심이다.

소개팅에 나선 남녀가 두세 시간의 짧은 만남에서 해야 할 것은 서로에 대한 발견이다. 상대방의 어떤 면을 내가 믿고 의지하고 사랑할 것인지 알아내는 것이 만남의 숙제다. 세상에 이미 알려진 '정보'에 인생을 걸 수는 없다. 남들이 칭송하는 이른바 '스펙'이 나에게도 무조건 큰 의미가 있다고 할 수는 없다. 그건 무책임하고 무모한 짓이다. 상대방이 가진 매력은 오로지 스스로 발견해야 하고, 서로 발견한 것이 가치가 있다고 느낄 때 관계를 발전시킬 수 있다. 서로 인정하고 발견해 준 것이 고마워 사랑하는 사이가 된다.

아이를 키우는 것도 발견의 과정이다. 아이는 어쩌면 바람 같을지도 모른다. 말썽만 피워 통제하기 어렵고 예측할 수 없는 그런 아이에게 악수를 청하고 언제든 나를 찾으라고 전화번호와 주소를 기억시키는 이, 아이가 아직 꽃피우지 못한 잠재력을 기다리고 키워주고 사랑해 주는 이가 바로 부모들이다.

자신을 알아주는 존재를 만난다는 것은 커다란 행운이다. 우리는 숨 쉬며 살아 있는 존재다. 그러나 의미 있는 존재로서 살아 있기 위해서는 자신을 알아주는 사람이 필요하다. 그러므로 자신을 발견해 주는 존재는 자신을 진정으로 살아가게 하는 존재나 다름없다. 존재감. 그것은 자의식을 가지고 행복하고 보람 있게, 주어진 생명을 지속해 나가는 원천적인 힘이다. 그 힘을 주는 이는 안목과 혜안을 지닌 '알아주는 존재'인 것이다.

　　나를 알아주는 존재는 친구일 수도, 배우자일 수도, 회사일 수도, 국가나 시대일 수도 있다. 그리고 설령 자신을 알아주는 존재가 너무 늦게 나타나더라도 실망할 필요는 없다. 자신을 알아주는 존재가 바로 자기 자신일 수 있기 때문이다. 실제로 나는 광고를 시작한 지 십여 년 만에 비로소 나를 알아주는 사람들을 만났다고 생각하게 되었다. 그 이전까지는 내 가치를 스스로 발견하고, 발견한 것을 믿음으로써 버텨 올 수 있었다. 미래를 모색하고, 자기계발에 힘쓰고, 공부하는 과정 또한 나 스스로를 발견하려는 노력이 아닐까?

　　모두가 뛰어난 업적을 이루는 삶을 살 수는 없다. 소박하게 살다 소박하게 저물기도 할 것이다. 그런 평범한 인생들에게도 자신을 알아주는 누군가를 만나는 행운은 빠짐없이 주어졌으면 좋겠다. 자신을 미워하거나 버려두지 않도록, 누구에게나 저 모퉁이를 돌면 '나를 알아주는' 존재가 기다리고 있다면 좋겠다.

꿈을 향해
멈추지 않고 계속 걷는 것이
인생

광고명 | The man who walked around the world(2010)
브랜드 | Johnnie Walker
광고주 | Diageo plc Brand
국 가 | U. K.

삶은 길,
인생은 걸음걸이

스코틀랜드의 산과 너른 들판이 보이는 풍경. 길가에 백파이프를 부는 남자가 있고, 그 뒤쪽에서 어떤 남자가 걸어온다. 바로 영국 영화 배우 로버트 칼라일. 그는 조니워커라는 위스키 브랜드의 역사와 자부심을 얘기한다. 길을 따라 끝없이 걸으면서……, 한없이 이야기하면서…….

그는 200년 전, 조니워커의 창업자가 소년 시절부터 생업을 맡았다는 것으로 말문을 연다. 식료품점에서 출발해 위스키를 블렌딩하기 시작했으며, 아들에 손자까지 그 대열에 합류해 조니워커를 세계적인 브랜드로 키웠다는 것이 요지다. 1860년에는 트레이드마크가 된 사각의 병을 개발했다는 얘기로 흘러, 1909년 최고의 일러스트레이터에게 어렵게 부탁해 식당용 냅킨 위에 '스트라이딩 맨'을 그려 달라고 했다는 얘기에 이른다. 오늘날 조니워커의 상징이 된 그림이다. 뒤이어 조니워커가 많은 스타의 사랑을 받아 왔으며 '멈추지 않고 계속 걷는다Keep Walking'라는 모토는 시민운동가들에게도 큰 영감을 주었다고 전한다. 또한 조니워커 가문은 결코 멈춘 적이 없으며, 뒤돌아보지 않았고, 지금도 계속 걷고 있다고 이야기를 마무리한다. 마침내 로버트는 멈춰선 카메라를 지나 길을 따라 계속 걷는다.

일견 뻔해 보이는 이 브랜드 스토리를 빛나게 하는 건 바로 '멈추지 않고 걷는다'라는 콘셉트의 영상화다. 이 콘셉트에 해당 광고는 장장 5분 30초라는 시간을 투자한다. 카메라 촬영 또한 5분 30초짜리 롱 테이크의 원 신one scene, 원 컷one cut으로 진행된다. 말하자면 카메라 또한 '끝없이 걷고 있는' 것이다. 'Keep Walking'이라는 메시지를 확실히 전하기 위한 노력이 대단하다.

또한 조니워커는 '꿈을 향한 더 큰 걸음Keep Walking Fund'을 운영하고 있다. 매년 신청자를 받아 1년간 그가 계속해서 걸어온 인생의 길, 도전의 길을 평가하고 후원금을 시상하는 방식이다. 이처럼 'Keep Walking'이라는 구호는 언젠가 인생길에서 한번쯤 멈추었던 사람들에게 더욱 큰 의미를 안긴다. 쉬는 사람이 있고, 누구나 쉬고 싶은 마음이 있기에, 정체와 퇴보가 있기 때문에 가능한 캠페인이다. 결국, 나를 그곳에 데려다 주는 것은 걸음, Walking이다.

　나에게 'Keep Walking'이 가장 절실하게 요구되었던 때는 군복무 시절이었다. 한겨울이던 그때 완전 군장을 갖춰 아침 8시부터 행군을 시작했다. 50분 걸으면 10분을 쉬었다. 이런 방식으로 다음 날 같은 시각까지 총 24시간, 100킬로미터를 행군하는 훈련이었다.
　겨울의 기나긴 밤을 걸으면서도 졸음이 쏟아졌다. 졸음이란 놈은, 당사자가 어떤 상황에 있는지를 고려하지도 않고 밀물처럼 밀려들었다. 겨울인지 밤인지 어느 땅 위에 있는지 묻지 않고 몰려왔다. 한편으로는 또 그 졸음이 싫지만은 않아 딱 10분씩 얼어붙은 땅 위, 걸음이 멈춘 바로 그 자리에서 토막잠을 잤다. 10분을 자고 일어나면 어깨와 소총과 철모에 하얀 서리가 앉았다. 서리를 더한 몸으로 우리는 다시 50분을 걸었다.
　내 인생에서 가장 춥고 가장 길고 가장 무의식적인 걸음이었다. 스물셋에 나는 그 길을 걸었다. 낮의 풍경도 밤의 풍경도 사라지고 없는 곳. 100킬로미터 행군에는 오직 길만 있을 뿐이었다. 행군은 꼬박 만 하루를 지나 다음 날 아침 8시에 끝났다.
　행군할 때 가장 행복한 시간은 당연히 식사시간과 10분간의 휴식시간이었다. 그러나 가장 고통스러운 시간도 휴식시간이었다. 서리가 몸 위로 10센티가 쌓이든 1미터가 쌓이든 계속 눕고만 싶은 병사들에게 다시 몸을 일으켜 걷는 시간은 정말 괴로웠다.

간부들의 군홧발에 차이지 않기 위해서든, 겨울의 한기가 몸을 얼리지 않도록 하기 위해서든, 아니면 실전의 그날에 적의 총탄을 피하기 위해서든 나의 걸음은 죽지 않기 위해서 이를 악물고 걷는 걸음이었다.

집 근처에 서울에서 몇 손가락 안에 꼽히는 규모의 공원이 있어 가끔 산책하러 나간다. 그곳은 호수, 잔디밭, 비행기 전시장과 음악 분수 등이 복합적으로 구성되어 있다. 그리고 600미터가 넘는 트랙을 사람들이 끝없이 도는 진풍경을 매일 감상할 수 있다. 첫 번째 보행자가 새벽 몇 시에 걷기 시작하는지 모르겠으나 그 걸음들은 밤 11시, 12시가 되어서도 그칠 줄 모른다.

대개는 건강을 유지하고 몸매를 가꾸려는 사람들로 보이지만, 주어진 분량을 걷지 않으면 당장 내일이고 모레고 죽음이 찾아올 것을 염려하며 필사적으로 걷는 사람도 보인다. 주저앉아 쉬고 싶은 생각을 억누르며 걸어야 몸에서 피가 돌고 생기가 돌아 죽음을 선고받은 그들을 살리는 것이다. 비가 올 때도, 바람이 불 때도, 눈이 올 때도 그치지 않고 걷는 사람들을 바라보며, 그 공원의 타원형 트랙은 생을 돌리는 발전기 같다는 생각을 해본다.

삶은 길이다. 그리고 인생이란 곧 걷는 것이다. 영원히 무덤에 누운 자만이 거부할 수 있는 숙명의 여정이다. 그러니 인생이 막히면 걸어야 하고, 피가 막히면 걸어야 한다. 울음이 나를 막으면 걸어야 하고, 아이디어가 막히면 걸어야 한다. 사랑이 막히면 걸어야 한다.

하지만 현실은 정반대다. 출퇴근 시간 지하철역까지의 짧은 걸음, 환승할 때 떠밀려 걷는 걸음, 그리고 에스컬레이터 위에서의 몇 걸음. 그것이 내 하루를 구성하는 걸음의 전부다. 그러고 보면 나는 엉덩이로 살고 있다. 하루를 지탱하는 엉덩이, 거대한 삶의 엉덩이다. 다리는 연약해지고 엉덩이만 퍼진다. 직립 보행하는 인간의 정체성을 잃어버리고 사는 것이다. 나는 나무가 아니다. 한자리에 서서 뿌리를 내리고, 그 자리에 내 몸을 맞춰 자라고 열매 맺을 수 있는 나무가 아니다. 그런데도 엉덩이에서 무슨 뿌리라도 생겨나기를 바라는 꼴이다. 걸음 없이 퇴행하는 생활을 곱씹어 볼 때마다 살기 위해서 걸어야 했던 때를, 지금 이 순간 살기 위해서 걷고 있는 이들을 생각한다. 다시 일어서야 한다.

주저앉아 있을 수 없는 인생. 걸음이여, 나를 그곳으로 데려가 다오. 사랑이 있는 곳까지, 신의 뜻이 있는 곳까지, 이해가 있는 곳까지, 아이디어가 있는 곳까지 나를 데려가 다오. 지금의 나 자신이 깨어지고, 더 큰 내가 있는 곳까지 나를 데려가 다오.

인생은 걸음걸이, 오늘도 걷는 우리 인생에 건배를!

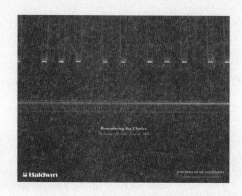

그는 천국에서 저렇게 생긴 피아노를
연주하며 노래하고 있을까?

광고명 | Black Keyboard(2004)
브랜드 | Baldwin Piano
국 가 | U. S. A.

당신을 그리는
방법

2009년 6월 25일 마이클 잭슨이 죽었을 때, 지구가 자전하는 반대 방향으로, 해가 전진하는 방향으로 마이클 잭슨의 문워크Moon Walk 가 이어졌다. 지구상에서 그를 사랑했던 팬들은 꽃을 바치고 마이클 잭슨의 트레이드마크라 할 문워크를 따라 추었다. 그건 말하자면 분향이었고, 두 번 반 절하는 행위와 다름없었다. 그들은 문워크로 분향재배를 한 후 함께 모여 눈물을 흘리고 그의 음악을 틀어 놓고 밤을 지새웠다.

걸레스님 중광이 입적했을 때 일이다. 사람들이 초상집에 달려와 어떤 이는 먼저 갔다며 욕을 하고, 어떤 이는 담배에 불을 붙여 꽂아 주고, 어떤 이는 오줌을 갈겼다. 그가 생전에 무애無㝵하였으므로 그를 기리고자 '지랄'들을 한 것인데, 그 또한 엄숙한 분향이요 두 번 반 절하는 행위와 다를 것은 없었다. 한쪽에서는 불교식으로 다비식을 준비하고, 불경을 외며 그의 극락왕생을 기리는 이들이 밤을 지새웠다.

젊었을 때, 나는 흡연자이면서도 빈소에 담배를 피워 놓아두는 행위를 충분히 이해하지 못했다. 시간이 지난 후, 아버지가 돌아가시고 나서야 빈소에 고인이 즐기던 것을 사무치게 바치고 싶은 마음을 이해하게 되었다. 그것이 담배든 소주든, 노래든 춤이든. 춤추던 자에게는 춤이 분향이고, 노래하던 자에게는 노래가 분향이다. 담배가 몸에 좋을 리 없건만 담배를 바치는 까닭은, 자신을 소홀히 다루며 살아왔어도 살아 있을 때의 당신이 좋기 때문이다. 그제야 나는 담배와 소주를 올리는 심정을 이해한 것이다.

문워크나 방뇨는 분명 보통 사람의 추모 방식은 아니다. 그러나 고인을 고인답게 보내는 방법임에는 틀림없다. 조신하게 살고 모나지 않게 죽는 것에 익숙한 세상에서는 눈살을 찌푸렸을 테지만, 고인을 고인답게 추모하는 것은 그를 보내는 마지막 인사이기에 더욱 그다울 필요가 있을 것이다.

생전에 그의 철학이나 개성, 추구하던 스타일이 어떠했든 죽는 순간 종교나 사회 관습의 범위 안으로 수렴되기만 한다면, 그가 살아 있을 때 투쟁하고 쟁취한 것들은 말짱 도루묵이란 말 아니겠는가? '너는 여전히 유교의 전통 아래 있어. 넌 잠시 광대 노릇을 했지만, 우리 집안 장자야……'라며 인생의 전 과정을 잠시 잠깐의 방랑으로 치부해 버린다면 가혹하지 않은가? 그가 전 생애를 통하여 보인 그대로, 추구했던 그대로 갔음을 안타까워하는 것은 그의 낱낱을 사랑하던 자의 예의라 할 수 있으리라.

앞쪽에 소개한 광고는 한 피아노 회사가 만든, 싱어송라이터이자 피아니스트인 레이 찰스 추모 광고다. 사진 속에는 일곱 살 때 녹내장에 걸려 시각장애인이 된 그에게 어울리는 피아노 건반이 등장한다. 검은 건반 위에 다시 검은 건반. 시각장애인인 레이 찰스에겐 손이 눈이었으므로 건반의 색은 무의미했을 것이다. 마이클 잭슨을 추모하며 그의 춤을 따라 하듯, 중광 스님을 추모해서 오줌을 싸듯, 광고 크리에이터는 시각장애인이었던 한 음악인을 추모하는 방법으로 이토록 기발한 아이디어를 냈다.

그는 천국에서 저렇게 생긴 피아노를 연주하며 노래하고 있을까? 아니다, 저건 오히려 이승에서 그가 치던 피아노일지도 모른다. 아마 천국에서는 다시 시력을 찾아 흑백이 분명한 건반을 두드리고 있을 것이다.

뜬금없다는 것을 알면서도 나는 어머니에게 가끔 묻곤 한다.

"엄마는 어떤 음식을 좋아해요?"

대답이 없다. 특정한 취향이 없어서다. 이런 상황일 때 참 난감하다. 나중에 좋아하시던 것 위주로 제사상에 올려 드리고 싶은데 말이다.

부모님 세대에게만 그런 질문을 하는 것은 아니다. 이상하게도 나는 오래 살 것 같아서, 친구들이 무슨 음식을 좋아하는지 궁금하다. 그들이 듣기에는 좀 섬뜩할 수도 있지만 내가 춤을 취야 할지, 시를 써서 바쳐야 할지, 어느 음식으로 그들을 기려야 할지 미리 알고 싶기 때문이다. 그들의 마지막 길 뒤로, 혹은 그들을 기억할 훗날에 내가 준비해야 할 것들을 미리 챙기고 싶은 것이다.

나는 아버지의 기일이 다가오면 만두부터 떠올린다. 선친은 만두를 무척이나 좋아하셨기 때문이다. 드시는 것뿐만 아니라 만드시는 것 또한 좋아하셨다. 큼지막한 만두 하나를 간장에 찍어 우적우적 씹으시던 모습이 눈에 선하다. 만두를 씹으시며, 아버지는 습관처럼 뭐가 묻어 있지 않아도 입을 훔치셨다. 그 모습이 눈에 선하다.

그래서 아버지 기일이 다가오면 나는 만두를 생각한다. 이 세상 최고의 만두, 아니 이 세상의 모든 만두, 손수 만든 만두를 바치고 싶어서다. 춤을 추는 것처럼, 무애를 흉내 내는 것처럼. 두 번 반 절하는 것처럼.

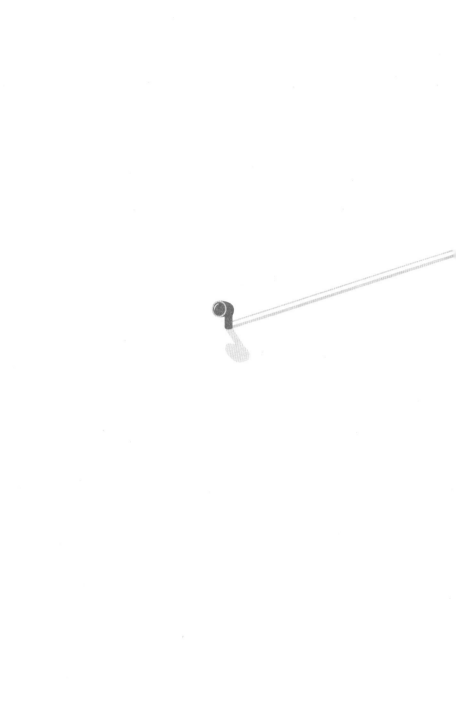

우리도 결국은 견뎌 낼 것이다.
서로의 부재를,
이 비대칭의 인생을.

광고명 | Long Life(2001)

브랜드 | Sylvania

국 가 | Thailand

우리 인생은
아마도 비대칭

4형제가 한두 장씩 사 모은 레코드판 중에 50여 장이 남았다. 음반은 대부분 긁히거나 깨진 데 없이 온전하건만, 턴테이블 바늘이 찌그러져 제 기능을 못해 덩달아 오래도록 먼지를 벗 삼고 있었다. 레코드판들은 이사하거나 자리를 옮길 때마다 오른쪽 혹은 왼쪽으로 15도쯤 기울어져서 서로 의지하고 있었다.

바늘의 부재 때문에, 레코드판은 더 이상 울려 퍼지지 않는 소리를 간직한 채 무거운 침묵 속에 가라앉아 있었다. 그들이 담고 있는 것은 소리로서의 소리가 아니라 기억으로서의 소리, 기억으로서의 음악일 뿐이었다. 요컨대 그 시절의 가수와 그들의 노래들은, 바늘과 판이 만들어 낸 비대칭의 세상 속에서 삐딱하게 기울어 잠든 것이다.

레코드판이 이 세상의 모든 음악을 담은 독보적인 존재였을 때는 새로운 음반들이 많았고, 어디를 가나 새 바늘을 구할 수 있었다. 그들이 낡고 닳은 전임자들의 자리를 대체하며 음악을 이어 주었다. 우리는 매혹적인 검은 자태를 뽐내며 돌던 음반이나 거기서 음악을 캐내던 바늘 중 어느 쪽도 곧 쇠퇴하리라고는 꿈에도 생각하지 못했다. 다만, 그 시대의 사람으로서 그 시대의 음악을 즐겼던 것이다.

구두를 신으면 늘 왼쪽의 한 짝이 먼저 닳는다. 잘못된 걸음걸이 때문인데 그 원인은 내 몸이 비대칭으로 존재하기 때문이다. 한쪽 턱으로만 음식을 씹으면 턱관절이 비틀어지고, 그게 척추를 비틀어 몸의 모든 것이 뒤틀리게 된다고 한다. 아직 척추에 무리가 온 것은 아니지만 내 몸은 불균형이라 애꿎은 구두만 늘 한쪽이 먼저 닳는 것이다.

구두는 왼쪽이나 오른쪽이 홀로 존재할 수 없으므로 통째로 쓰레기통에 버려지고, 새로운 구두 한 켤레가 그 자리를 대신한다. 멀쩡한 놈이 버려지는 것을 보면서, 나는 또 비대칭의 세상을 생각한다.

"나보다 먼저 가면 안 돼……."

발견이 전부다

아침에 눈을 뜨니 아내가 나를 바라보고 있다. 그리고 밑도 끝도 없이 먼저 가면 안 된다는 다짐을 받고자 한다. 저 말을 듣는 것은 한두 번이 아니다. 특별한 이슈가 없을 때에도 아내는 종종 저런 말을 한다. 요컨대, 아내는 아직 나를 사랑하고 있다. 그리고 내가 부재한 세상을 상상하기도 싫어한다.

"알았어"라고 대답한다. 하지만, 나는 그녀 없는 세상을 충분히 견딜 수 있을 것인가? 알지 못한다. 그래서 가끔은 치기 어린 멘트를 날린다. "같이 가자." 그러나 이 역시 헛된 말임을 안다. 다만, 인간의 적응력을 기대할 수밖에 없다. 우리 주변의 많은 분들이 홀로 되어 살아가는 것처럼 우리도 결국은 견뎌 낼 것이다. 서로의 부재를 견디며. 이 비대칭의 인생을 받아들이며.

누군가 전등 밑 의자에 앉아 신문을 보고 있다. 전등이 수명을 다해 꺼지고, 서랍을 열어 전구 세 개 중에서 하나를 고르는 손. 전구를 갈아 끼우자 불이 들어오고, 청년의 얼굴이 보인다. 다시 의자에 앉아 신문을 읽는 청년. 그런데 웬일인지 또다시 불이 꺼진다. 다시 서랍을 여는 손에 주름이 가 있는 것이 이상하다. 전구를 갈아 끼우자 다시 불이 들어오고, 놀랍게도 청년이 아닌 노인의 얼굴이 보인다. 끙끙거리며 지팡이를 짚고 자리에 앉는 노인. 다시 신문을 펼친다. 어찌 된 일일까 궁금해질 때 자막이 뜬다.

SYLVANIA - Long life bulbs
실바니아 - 오래가는 전구

전등의 수명이 오래가 봐야 얼마나 가겠는가? 청년이 노인이 되기까지 족히 40~50년은 걸릴 텐데 전구가 그리 오래간다는 것은 말이 안 된다. 다만, 당신의 상식 속에 존재하는 일반적인 전구보다 훨씬 더 긴 수명을 가졌다는 뜻이다. 세월보다 오래가는 전구는 없으므로, 세월보다 오래가는 전구를 표현한 것이 아주 놀랍다. 그 놀라움은 '오래가는 전구'를 각인시킨다.

이 광고의 힘은 그러므로 청년 혹은 노인과 전구의 비대칭적인 인생, 그리고 세상의 상식과 광고 표현의 기발함 간의 비대칭이다. 나중에 과학기술이 진보하면 50년은 족히 가는 전구도 등장할 수는 있을 것이다. 그때는 광고 속의 과장이 아니라 현실로서 저런 풍경을 보게 될 수도 있다는 여지는 남겨 둘 수 있겠다.

우리 인생의 모든 것은 비대칭의 시간을 달린다. 나는 이 도시의 시작과 함께 태어나거나 이 푸른 별의 시작과 함께 인생을 시작하지 않았다. 내 끝도 도시의 끝과 같지 않을 것이다. 전쟁으로 폐허가 되거나 수몰되지 않는다면 아마도 도시보다 내가 먼저 끝을 보게 될 것이다. 어마어마한 운석이 지구와 충돌하지 않는다면 지구와의 관계도 마찬가지일 것이다.

몸담고 있는 회사의 시작과 끝, 내가 아끼는 가구나 전자제품의 시작과 끝도 나의 시작과 끝과는 일치하지 않는다. 어긋남과 불일 치. 우리는 서로 그 모든 시간의 중간에서 만나고 헤어진다. 그러므 로 '안녕!'이라는 첫인사와 '안녕!'이라는 마지막 인사가 우리의 일 생을 구성한다.

나와 아내의 인생은 아마도 비대칭일 것이다. 나는 그녀보다 4년 먼저 태어났다. 시작이 비대칭이었던 것과 마찬가지로 마지막도 그 럴 것이다. 그녀는 신의 손길에 의해 어느 순간 거두어질 것이고, 나 는 나대로의 수명을 다하고 수거될 것이다. 어느 쪽이 먼저일지는 그 누구도 알 수 없다. 우리 둘이 한날한시에 수명을 다하는 행운은 좀처럼 쉽게 주어지지 않을 것이다. 그러므로 나와 아내는 먼저 수 명이 다해 가는 이를 지키게 될 것이다. 그러면서 운명의 비대칭을 감내해야 할 것이다.

이제 누나의 소유가 된 레코드플레이어와 판들은 다시 새 바늘 을 찾아 음악을 들려 주고 있다. 그녀의 쌍둥이 조카들은 빙글빙글 도는 까만 판과 그 위에서 흔들리듯 춤추는 바늘을 신기하게 바라보 며 에어 서플라이의 노래를 듣고 있다.

삶이란 이토록 간절한 것일진대
악착같이 달라붙어 있지 못하고 내려 버린 이들의
빈자리를 본다

광고명 | Bus(2002)
브랜드 | Pidilite Industries
국 가 | India

접착보다 더
간절한 집착

나는 남보다 좀 이른 나이부터 버스 타는 데 익숙해졌다. 초등학교 4학년 때 이사를 했는데, 전학할 필요까지는 없는 정도의 거리여서 시내버스로 등하교했다. 요즘 아이들이야 학원도 멀리 다니고, 때마다 현장학습을 다니지만 내가 초등학생일 때는 열두 살짜리가 버스를 타고 30분 거리를 통학하는 건 흔한 일이 아니었다.

버스 노선도 부족하고, 배차 간격도 들쭉날쭉해 출근길 버스 안은 그야말로 아비규환이었다. 겨우 어른들 허리까지 오는 키로 땀을 뻘뻘 흘려 가며 버티고 버텨서 학교 앞에 도착하면, 나는 반쯤 파김치가 돼 있었다.

만원 버스와 지옥철을 타고 다니면서 가장 걱정스러웠던 건 내릴 곳에서 내리지 못할지도 모른다는 두려움이었다. 실제로도 버스 안내양이 '오라이'를 외치기 직전에야 겨우겨우 튕겨지듯 내리기 일쑤였고, 정류장을 지나쳐 다시 돌아와야 했던 경우도 심심찮게 있었다. 버스를 타면서부터 조금씩 출입구 쪽으로 옮겨서 문 가까이에 서야 안심하곤 했는데, 이런 행동 패턴은 지금도 다르지 않다.

무언가를 쉽게 이해시키기 위해서는 적절한 '비유'가 필요하다. 부모가 아이를 가르칠 때도, 어떤 원리를 먼저 알게 된 사람이 나중에 알게 된 사람에게 설명할 때도 비유가 큰 몫을 한다. 광고는 그 비유의 정도가 꽤 심한 편이라 할 수 있다. 이해시키는 데서 끝나지 않고 구매 동기를 부여하기 위해 필사적이기 때문이다. 앞쪽의 접착제 광고도 상당한 비유를 활용하고 있다.

터번을 두른 남자가 몸을 좌우로 흔드는 장면에서 광고는 시작한다. 곧이어 화면은 버스 지붕 위에 앉은 그가 이리저리 흔들리고 있음을 보여 준다. 주변에는 터번을 두른 다수의 남자도 함께 흔들리고 있다. 그들을 비추는 카메라 또한 고정되어 있지 않고 상하좌우로 어지럽게 왔다 갔다 하면서 흔들림을 극대화한다.

광고는 계속해서 낡은 버스에 안팎으로 달라붙어 행선지를 향해 가는 이들의 면면을 보여 준다. 아이도 있고, 살아 있는 닭을 들고 탄

이도 있고, 고추로 보이는 농작물을 가득 담은 커다란 바구니를 든 여인도 있다. 기사까지 승객에 떠밀려서 운전대에 코를 박고 겨우겨우 운전할 정도로 꽉 들어찬 버스. 지붕 위는 말할 것도 없고 버스 옆쪽과 뒤쪽에도 사람들이 바글바글하다. 음악은 인도 고유의 타악기 연주인 것 같은데 버스의 흔들림과 비슷하게 느릿느릿한 템포로 흐른다. 먼지를 일으키며 들판을 나아가는 버스. 그리고 CF가 끝날 무렵, 버스 뒷면에 붙은 광고판 하나가 눈에 들어온다.

Fevicol –
The ultimate adhesive
페비콜 – 절대적인 접착력

버스에 매달린 인도인들은 절대로 떨어질 리가 없으며, 그처럼 대단한 '생에 대한 집착'이 곧 제품의 대단한 접착력과 같음을 비유적으로 말하는 광고다.

그래, 삶이란 접착제보다 이토록 간절한 것이겠지. 인도에서뿐만 아니라 이곳 한국에서도 말이다. 한국전쟁을 기록한 사진이 나올 때 빠지지 않는 것이 기차 지붕에 옹기종기 앉아서 칼바람을 버텨 가며 남쪽으로 향하던 피난민들의 사진이다. 버스를 타고 가는 인도인들에 비하면 생에 대한 집착도, 삶에 대한 간절함도 몇 배는 더 강했을 테니, 우리나라에서 접착제 광고를 한다면 피난 열차만 한 소재가 없을 것이다. 물론 민족의 아픈 기억을 접착제 광고에 써먹는 욕심이 용인된다면 말이다.

접착제 광고를 보고 어린 시절을 떠올리며 드는 또 하나의 생각은 '붙어 있음'이 아니라 '내림'이었다. 내리기로 돼 있던 정거장보다 훨씬 전에 내려야 했던, 정거장이 아닌 곳인데도 운행되는 버스에서 뛰어내리고자 했던 수많은 사람을 생각하게 되는 것이다. 우리나라 자살률이 세계 최고라 한다. 한국전쟁 당시 피난 기차에 달라붙어 삶을 영위하고자 했던 그들과 그 아들딸들이 지금은 손의 힘을 풀고 황량한 대지 위에 힘없이 털썩 내려서고 있는 것이 아닐까?

정류장도 아닌 곳에서 내린 그들은 얼마나 쓸쓸할까? 바람을 막아 줄 벽도 없는, 차가운 비와 따갑고 거친 햇볕을 막을 지붕도 없는 그곳. 세상의 어떤 지도에도 나와 있지 않은 좌표에 내려선 그들은 얼마나 쓸쓸할까? 함께 앉아 다음 버스를 기다릴 낯선 친구 하나 없이…….

아니, 아비규환의 버스에 들러붙어 있으면서 얼마나 쓸쓸했을까? 서로 아끼지 않고 나만 이 버스에 달라붙어 있으면 된다는 생각으로 살펴 주지 않았던 가족과 친구와 세상 사람들을 얼마나 차갑게 느꼈을까…….

매일 아침 출근길에 오르는 사람들을 본다. 사람으로 가득 찬 지하철에 제 몸을 욱여넣고, 정류장에 선 버스를 놓치지 않기 위해 위험하게 도로를 건너면서 주어진 삶에 자신을 붙여 살고 있다. 버스가 다가온다. 싣고 또 내리자 버스가 사라진다. 지하철이 들어온다. 타고 또 내리고 지하철이 멀어져 간다.

그리고 살고자 하는 저들 틈에서 버텨 내지 못하고, 끈질기게 악착같이 달라붙어 있지 못하고 내려 버린 자들의 빈자리를 본다. 그 빈자리를 살아남은 우리가 대신 메우고 있음을 본다.

나눌 때에도 아름다움을 생각하는 것
받는 이에 대한 예의를 지키는 것
그것이야말로 예술이 아닐까

광고명 | Necklace(2003)
광고주 | Secours Populaire
국 가 | France

나눔이라는
예술

아이가 유치원에서 집으로 달려온다. 손에 든 봉투에는 소중한 무언가가 담겨 있는 것 같다. 아이의 뜀박질은 상기된 얼굴만큼이나 경쾌하다. 아이는 계단을 뛰어올라 기다리던 엄마에게 안긴다. 집은 작고 어두우며 가구는 별로 없다. 아이는 엄마에게 선물을 주듯 봉투를 내민다. 안에는 유치원에서 만든 목걸이가 있다. 속이 빈 짧은 대롱 모양의 파스타, 펜네를 실로 엮어 만든 것이다. 엄마는 목걸이를 목에 걸고 거울 앞에서 딸과 함께 웃는다.

장면이 바뀌면서 놀고 있는 아이를 몰래 들여다보는 엄마의 시선이 보인다. 잠시 후, 냄비에 물이 끓고 있고, 펜네 목걸이의 실을 가위로 자르는 손이 있다. 펜네는 냄비로 떨어져 본래의 음식으로 돌아간다. 엄마에 대한 아이의 사랑…… 그 사랑이 밥이 되고 있다. 아이의 사랑은 끓는 물속에서도 여전할 것이지만, 어린아이의 마음은 자신의 정성이 가위에 잘리는 현실을 감내하기 힘들 것이다. 마지막 컷에는 작은 식탁에 홀로 앉아 파스타를 먹는 아이가 보인다. 실을 자르는 장면 다음에 나오는 카피는 이랬다.

Today in France, 2 million people
do not eat enough daily
현재 프랑스에서는 2백만 명이 배불리 먹지 못하고 있습니다

예술의 나라 프랑스에도 빈곤층이 존재한다. 그들은 찬란한 예술의 뒷골목 좁은 방에서 딸이 선물한 첫 번째 목걸이를 상자에 담아 십 년이고 이십 년이고 간직할 낭만은 엄두도 내지 못하고, 당장의 끼니를 위해 끓여 먹어야 하는 처지다. 이 광고는 상처와 부끄러움을 무릅쓰고 스스로 아픈 현실을 드러내는 역할을 하고 있다.

프랑스인이여, 배고픈 프랑스인을 기억하고, 행동하라!

이 광고가 설득력을 얻는 건 현실과 흡사한 설정 때문이다. 나도 아이들이 주일학교에서 만들어 온 과자 목걸이를 목에 걸어 본 적이 있다. 물론 곧바로 아이들의 간식거리가 되었지만 말이다. 과자나

펜네 같은 먹을거리로 목걸이를 만들고 부모에게 선물하는 풍경은 우리와 조금도 다르지 않다. 아이가 유치원에 들어간 지 얼마 되지 않았을 때에는 플라스틱 음료수 병에 쌀과 콩을 가득 채운 악기들을 가져온 적도 있다.

내가 만약 당장의 끼니를 걱정해야 할 처지라면, 유치원에서 아이가 쌀을 채운 악기를 들고 왔을 때 그것을 악기로 보지 않고 한 끼의 밥으로 볼 가능성도 배제할 수 없으리라. 배고픔이란 사람됨, 사람다움이라는 한계를 간단하게 뛰어넘어 버릴 수 있는 강력한 것이니까 말이다.

나는 이 광고를 보고 두 가지의 '예술'을 떠올렸다. 첫 번째는 예술의 나라 프랑스라고 해서 빈곤층이 없지만은 않다는 것이다. 사실 빈곤층이 전혀 존재하지 않을 수는 없지만, 2백만 명이나 되는 프랑스인이 배불리 먹지 못할 정도로 불균형이 심각하다고는 생각하지 못했기 때문이다.

두 번째 '예술'은 빈곤층을 돕자는 광고도 참 예술적으로 한다는 생각이다. 예기치 못한 반전이 있고, 현실적이면서도 끝내 묵직한 화두를 던지는 광고. 거, 광고 참 예술적으로 하는구나!

늦은 밤 식탁에 마주 앉아 이 광고 이야기를 해줬을 때, 아내는 광고의 제작의도가 다른 데 있는 줄 알았단다.

"난 또……, 목걸이 선물이라는 아이디어로 빈민층에 급식을 해 주면 받는 사람도 부끄럽지 않고 좋다는 광고인 줄 알았네."

CF 자체의 의도가 충분히 먹지 못하는 이들이 아직 많이 있다는 '현상'을 상기시키는 데 머물렀다면, 아내는 CF 속에 등장한 목걸이에서 '해결책'의 가능성까지 보았다. 목걸이 선물을 하는 것처럼 받는 사람도 부끄럽지 않을 '예술적인 급식'의 장치를 생각하고 있었던 것이다.

CF 속에서 아이가 만들어 온 목걸이는 무료 급식은 아니었다. 하지만 만약 어느 재치 있는 유치원 교사 혹은 정부가 그런 식의 예술적인 방편을 떠올린다면 얼마나 좋을까? 말로 전해들은 CF를 오해한 데서 비롯된 생각이지만 한번쯤 되새겨 볼 만한 아이디어였다. 주는 사람이 아니라 받는 사람의 입장을 고려하는 세심함. 그것은 정책의 우아함에 관한 것이다. 작은 아픔을 달래기 위해 큰 제도를 바꾸는 것은 개인의 인격에만 의지할 수 없는, 사회 공권력이 담당해야 할 몫이 맞다.

몇 해 전 서울 외곽 동네 고물상들을 취재한 〈다큐멘터리 3일〉이라는 프로그램에서 나는 빈곤의 또 다른 모습을 보았다. 고물상에 폐지를 팔러 온 한 할머니의 처지가 너무 딱했다. 뒤이어 화면은 먹을 것이 없어 이틀 동안 설탕물만 먹었다는 80대 할머니의 말에 통

발견이 전부다

곡에 가까운 눈물을 흘리던 VJ를 보여 주고 있었다. 라면조차 호사에 가까운 그들. 물리도록 라면을 먹는다는 것이 오히려 가진 자의 자랑이라고 생각될 정도의 처지에 놓인 그들……. 여기, 서울 하늘 아래 하루 한 개의 라면으로도 충분한 독거노인들이 그 이상의 삶을 사는 이들에게 불편을 주지 않도록 티 내지 않고, 모나지 않게 그들의 생을 조심스레 이어 가고 있었다.

누군가는 밥을 건네야 할 것이다. 라면이라도 좋을 것이다. 적어도 설탕물에서는 벗어나게 해주어야 하는 것이 더불어 사는 사람의 기본적인 의무일 것이다. 다만, 그 의무를 행할 때에는 받는 자에 대한 예의도 생각해야 할 것이다.

잘 먹고 잘 입고 좋은 곳에서 부족함 없이 지내는 입장에서 남아돌아 하는 예술만 예술일까? 밥을 나누는 것, 옷을 나누는 것, 주거를 나누는 것에도 우아함을 생각하고 아름다움을 생각하는 것. 그것이 인간이 먹고 마시고 싸고 자는 것 이외에 영혼을 가진 존재로서 이룰 수 있는 아름다운 예술 아닐까?

당신의 탄원서는
당신이 생각하는 것보다
힘이 세다

광고명 | Bullet(2007)
광고주 | Amnesty International
국 가 | France

종이로 만든
방패

몇 년 전 검도를 배우기로 결심하면서 내가 기대한 건, 지하철 입구에서 나누어 주는 무료 신문을 돌돌 말아 그 종이 검을 가지고 혹시나 싸움에 얽혔을 때 써먹는 것이었다. 껄렁대는 치들이나 소매치기 범과 한판 싸워야 할 기회가 생겼을 경우, 상대방을 제압하는 멋진 모습을 꿈꾸었던 것이다.

국민체조 하나도 꾸준히 하지 않은 운동 진공층인 나도 여전히 슈퍼맨에 대한 동경이 남아 있어서, 초등학생이나 셈해 볼 그것, '세상에서 어느 무술이 가장 강한가?' 따위를 생각해 보고 일상생활에서 어떤 무술이 가장 효율적인지에 대한 답을 '검도'로 정했다.

이 나이에 배울 수 있는 무예를 고르다 보니 많은 후보 무술이 빠져나가고 남은 것이 그랬다. 체력 단련이나 심신 수양 같은 고고한 목표가 물론 없었던 것도 아니지만, 유치하게도 이와 같은 낭만적인 바람이 컸던 것도 사실이다. 참 구차한 이유가 아닐 수 없다.

내가 검도인에 대해 무례하고 남에게 말하기에도 부끄러운 생각을 하고 있던 바로 그해, 프랑스의 크리에이터들은 종이에 대해 다른 생각을 펼쳐 가고 있었다. 물론 그것은 나의 종이처럼 천박하지도 가볍지도 않은 것이다. 그들이 만든 광고를 하나 감상해 보자.

군인이 한 남자를 끌고 온다. 남자는 뭔가 항변하는 것처럼 보이지만 군인은 대꾸 한마디 하지 않고 그를 밀어붙여 벽에 세울 뿐이다. 그리고 군인은 남자를 조준하고 방아쇠를 당긴다. 날아가는 총알. 그런데 갑자기 사방에서 종이가 떨어져 총알의 앞길을 막아선다. 처음엔 속절없이 뚫려 버릴 뿐 종이는 아무런 힘이 되지 못하는 듯하다. 그러나 쉴 새 없이 모여들어 스스로 뚫리며 총알의 앞길을 막아선 종이들은, 마침내 남자의 코앞까지 날아온 총알의 힘을 모두 빼앗아 바닥에 떨어뜨리는 데 성공한다.

Your petition is more powerful than you think
  - Amnesty International

발견이 전부다

당신의 탄원서는 당신이 생각하는 것보다 힘이 세다
 - 엠네스티

조선의 무인들이 입던 갑옷 중에는 쇠로 만든 것뿐 아니라, 지갑紙甲이라는 종이로 만든 갑옷도 있다고 한다. 돈 없는 가난한 무인의 갑옷이어서 강도와 내구성이야 철갑만 했으랴마는 목숨을 지키는 데 종이가 한몫했음은 틀림없다. 저 광고를 만든 사람이 그 사례에서 힌트를 얻었는지도 모른다. 아무튼, 신문을 돌돌 말아 종이칼이나 만들고자 했던 내 어린 생각과는 질적으로 차원이 다른 시각을 보여 주는 광고다.

총알을 막는 것은 종이일까? 물론 아닐 것이다. 저 CF에서 종이 대신 대입할 수 있는 것은 우리 자신이다. 거기에 서명한 사람들의 고통을 나누려는 마음이 서 있는 것이다. 서명하는 그 짧은 순간 서명자들의 삶은 이어진 것이다. 삶의 한 조각들을 이어 붙여 죽을 한 사람의 생을 보존하는 것이다. 시간, 손의 힘, 마음, 의지가 모여 나를 이루기 때문이다.

처음으로 어떤 정치적인 서명을 해야 했을 때, 내 머릿속을 빠르게 흘러간 건 그 서명이 가져올지도 모르는 불이익이었다. 학점이나 취업에 혹시 오점이 되지는 않을까? 혹은 세상이 험악해지고 강압

적인 사회가 돼서 물리적으로나 법적으로 나에게 위해를 가하지 않을까 하는 걱정이 앞섰던 것이다. 결국, 지금까지도 우리 집에 찾아와 초인종을 누르는 비밀경찰도, 길거리에서 연행해 가는 기관의 요원도 없었던 것으로 보면 기우였지만, 적어도 서명에 따르는 책임에 대해서는 선명하게 인지하고 있었던 것이다.

서명에 대한 두려움을 넘어설 수 있었던 건 '사람'이었다. 내 앞에 줄줄이 서명한 그들의 든든함에 기대고, 서명을 받으려 애쓰며 다니는 봉사자들의 헌신에 기대어 겨우 그 두려움을 넘어섰던 것으로 기억한다.

초등학교 시절 선생님은 마술을 보여 준다며 종이 한두 장을 찢어 보라고 한 후, 이번에는 책을 통째로 찢어 보라고 했다. 한두 장일 때 어린이의 손으로도 가볍게 찢을 수 있었던 종이는, 책이 됐을 때는 선생님 손으로도 절대 찢어지지 않는 무쇠 덩어리가 되어 있었다. 그건 마술이 아니라 물리학의 법칙이었다.

그러므로 정치를 바라볼 때 마술이나 트릭, 혹은 기적을 요구할 필요는 없다. 표는 성실하다. 어떤 것도 한 표 한 표의 성실함을 뛰어넘지 못한다. 종이 한 장의 성실함이 모여 만드는 묶음의 위대함. 그것이 서명의 힘이요 투표의 힘일 것이다.

발견이 전부다

불가능, 그것은 아무것도 아니다

광고명 | Laila(2004)

브랜드 | Adidas

광고주 | Adidas AG

국 가 | Netherlands

혼자만의 싸움이
아님을

여섯 살배기 아들이 나를 노려본다. 나는 눈을 내리깔지 않는 아들이 무섭다. 아들이라면 의당 울어 주어야 하는데, 잘못했다는 소리를 빨리 해주어야 하는데 말이다. 벌써 많이 큰 것인가? 시간이 꽤 흘렀는데도 아들은 그런 효도를 해주지 않는다. 겨우 참고 버텨서 받아 낸 사과의 말 앞에 나는 초라하다. 시시비비를 가리고 잘못을 바로잡아 주려 했던 애초의 계획은 무산된 지 오래다.

이렇게 부자지간에, 부모와 자식 간에 싸움이 붙으면 결론은 한 가지다. 내가 졌다. 아빠로서 졌다. 부모는 이미 진 것이다. 겉보기에 자식들이 고개를 숙이거나 울거나 마지못해 진심이 담기지 않은 목소리로 "잘못했습니다"라고 말한다 할지라도.

아버지는 간혹 어린 시절의 형이 '세 살 때 벌써 아버지를 이겨 먹으려 했다'고 말씀하셨다. 형이야 맏이라 대표 격으로 불린 것이지 누나들이나 난들 그러지 않았을까? 서서히 통제 불가능한 수준으로 내공을 높여 가는 아들들을 볼 때마다 나는 돌아가신 아버지의 말씀을 떠올리고 생각의 길을 잃곤 한다.

내가 아버지에게 눈을 부라리며 맞서기 시작했던 건 20대 중반. 아버지가 예순 가까이 되셨을 때였던 것 같다. 나는 이미 젊고 에너지가 최고조에 달한 수컷이었고, 아버지를 참을 만큼 참아 왔다고 느꼈을지도 모른다. 눈을 부라린 아들 앞에서 아버지는 배신당할 수 없는 대상으로부터 배신당했을 때의 캄캄함을 감당하고 계신 듯했다.

떠들썩한 분위기 속에 들리는 복싱 중계 특유의 남성적인 아나운서 멘트. 높다란 천장을 가진 실내 특설 링과 객석을 가득 메운 수천의 인파. 웅성대는 관중. 마침내 링에 오르는 무하마드 알리! 터지는 플래시.

그리고 반대쪽 라커룸으로부터 링을 향해 군중을 뚫고 접근하는 가운 속의 복서. 가운을 벗은 그녀는 놀랍게도 무하마드 알리의 딸 라일라 알리!

그녀가 링에 오르고, 시간을 초월한 알리 부녀의 조우. 이제 종이

울리고 경기가 시작되면, 나이와 성별을 초월한 두 알리는 너무도 자연스럽게 복싱 경기를 벌인다. 상대방을 향해 주먹을 휘두르고 상대방의 주먹을 피하면서. 그리고 상대방의 주먹에 스쳐 기겁을 하면서. 딸의 주먹에 맞아 휘청거린 알리의 놀라워하는, 그러나 흐뭇한 표정. 그것을 바라보며 웃는 딸. 이 놀라운 영상이 진행되는 동안 라일라 알리의 멘트가 흐른다.

불가능은 사실이 아니다.
하나의 의견에 지나지 않는다.
사람들은 말했다.
여자는 권투를 할 수 없다고.
나는 그들의 말을 믿지 않았다.
나는 해냈다. 나는 링 위에 섰다.
내 아버지 알리의 외침이 들려 온다.
싸워라! 내 딸아. 넌 할 수 있어!
불가능, 그것은 아무것도 아니다.
- Impossible is nothing. Adidas

컴퓨터 그래픽이 어떤 일들을 이뤄 왔는지 알고 있기에, 어떤 상상 속의 장면을 영상으로 만들어 내더라도 크게 기대하거나 놀랄 일은 이미 아니었다. 그러나 역시! 기술이 인간에 대한 통찰과 결합하면, 이 CF처럼 위대한 감동이 탄생한다. 세상 누가 아버지와 딸이, 그것도 알리라는 역사상 가장 위대한 복서 부녀가 링 위에서 만난다는 설정을 한 걸까?

더구나 저 위대한 광고의 영상미보다 더욱 빛났던 건 불가능은 없다는 철학이었다. 실현 불가능하다고 할 만큼 놀라운 영상을 만듦으로써 그 철학을 증명해 내고, 흑인 여성 혹은 무슬림으로서 세상과 싸워야 했던 알리 부녀를 등장시킴으로써 감동을 극대화한 놀라운 발상이었다.

자기 나이와 비슷한 시절의 아빠를 만난 여자 복서 라일라 알리. 그녀는 여자 복서로서 외롭게 길을 개척해 나가는 것이 결코 혼자만의 싸움이 아님을 알게 되었을 것이다. 지난날 흑인 무슬림으로서 꿋꿋하게 도전을 계속하고, 알츠하이머에 걸린 몸으로 1996년 애틀랜타 올림픽의 마지막 성화 봉송 주자로 나서 불굴의 인간상을 보여 준 무하마드 알리. 그녀는 아버지가 자신이 세상과 싸워 나가는 데 가장 든든한 버팀목이 되어 주었음을 알았을 것이다.

부모와 자식 간의 싸움이 끝나고 나면, 그들은 각자의 자리에서 세상과 싸울 준비를 할 것이다. 그리고 알게 될 것이다. 부모와 내가, 나와 자식이 싸운 게 아니라는 것을. 그런 일상의 작은 다툼은 오히려 나중에 세상과 싸워야 할 때, 가족이 더는 지켜 주지 못하는 링에서 싸워야 할 때 보이지 않는 버팀목이 되어 주리라는 것을.

싸움은 계속되고 있다. 아버지의 싸움이 아들과 딸의 싸움으로 이어진다. 세상 모두는, 자기가 딛고 선 시간과 공간 속에서 영원히 외로운 싸움을 지속해야 할 것이다. 나는 성공할 것인가? 아버지는 성공했던 것일까? 내 아이들은 성공할 수 있을까? '불가능은 아무것도 아니다'라는 아포리즘은 광고 속에선 카피일 뿐이지만, 모두의 삶 속에서는 놓으면 죽고 붙잡으면 사는 망망대해 위 구명 튜브일 것이다.

아버지에 대해 생각해 본다. 어린 시절부터 독립할 때까지 얼마나 많이 싸웠는지 생각해 본다. 분명히 적게 싸우지는 않았을 텐데……. 문득 다시 한 번 아버지와 싸우고 싶다. 아버지와 컴퓨터 그래픽으로 나마 한 링에서 뛸 수 있다면, 나는 언제든 기꺼이 모니터 속으로 들어가리라. 그리고 "당신의 아들이 이런 몸놀림을 가지고 있어요. 당신의 아들이 이렇게 나이 먹어 가고 있어요"라고 잽을 날리고 싶다. 당신에게 흠씬 두들겨 맞기도 하고, 당신을 힘껏 끌어안기도 하면서 말이다. CF 속의 알리가 딸의 실력에 놀라며 윙크하듯이, 딸이 아버지를 바라보며 웃듯이, 그렇게 얼굴을 마주 보고 싶다.

"아버지, 나는 잘 싸우고 있는 건가요?"

우리는 살이 찐 서로를 받아들이며 나이를 먹는다
마음이 더 넉넉해졌다고 볼 수 있을까

광고명 | Work Overall(2006)
광고주 | Jotun Demidekk
국 가 | Norway

먹는 게
남는 거라고!

1.

'기름진 것은 피해야 해. 1인분만 먹자. 밀가루는 되도록 많이 먹지 않는 게 좋다는 거 알지? 오케이. 그럼 주문을 해보자.'

여기까지는 머릿속 생각일 뿐.

"난 짜장 곱빼기."

이건 실제로 내가 주문하는 소리다.

10년 만에 다시 만난 초등학교 동창 성훈이의 첫마디도 "너 왜 그렇게 됐어?"였고, 오랜만에 만나는 사람마다 "살쪘네?"라든가 "권부장 그사이에 몸이 많이 났소"라든가 "요즘 편한가 봐?"라는 말을 할 정도로 해가 갈수록 몸은 불어 가고 있다. 그러나 식욕은 어찌 된 영문인지 10대 청소년 시절 그대로 유지하고 있다.

어쨌든 먹으려고 저질러 놓았으니 수습은 해야 하는데, 이번에도 또 머리와 손이 따로 논다. '한 젓가락만 남기자. 만두는 하나만 먹자.' 이랬던 게 내 머리. 그날따라 푸짐하게 담겨 온 면을 알뜰하게 들어올리는 건 내 손. 이미 네 살 무렵에 '우리 손주는 다 좋은데 젓가락질을 못하네?'라는 외할머니 말씀을 듣고 유일한 단점을 없애려고 노력을 기울인 결과, 완벽해진 젓가락질은 3센티 이상의 면은 남겨두지 않을 기세로 바삐 움직였다.

결과적으로 면은 물론이고 소스까지 알뜰하게 긁어 먹고 서비스로 나온 군만두까지 두세 개를 먹고야 그 질주는 끝났다. 아, 물론 혈액순환에 좋다는 양파는 눈앞에 있을 때 다 먹어 주는 게 예의. 단무지는 식사가 다 끝나도 입가심용으로 두어 개 더 입에 털어 넣는 게 센스.

사실 더 큰 문제는 그날 식사를 마칠 즈음 나의 마음속에 작은 감사의 마음이 떠올랐다는 데 있다. 나이 들면서 사방에서 몸이 안 좋다, 소화가 안 된다, 먹는 것도 시들해졌다는 소리를 자주 듣게 되는데 나는 아직 식성 하나만큼은 젊으니 기뻐할 일이 아닌가? '이렇게 맛있게, 잘 먹을 수 있다니 복 아닌가? 감사할 일이다'라는 생각이 진심으로 들었던 것이다.

발견이 전부다

2.

우리나라 최초의 우주인 이소연 씨는 우주 식품으로 김치, 라면, 비빔밥, 수정과, 불고기 등을 가지고 갔다고 한다. 우주개발 초기에는 우주 식품을 만들 때 무게를 줄이고 효율화하는 데 치중해서 건조를 시키거나 튜브 형태로 만들어 '먹는 즐거움'이 거의 없었다. 그래서 우주인들은 식욕 부진과 영양 결핍에 시달리기도 했다. 이후, 치밀한 연구를 통해 우주 식품도 맛있고 즐겁게 먹을 수 있는 형태로 발전했다. 이러한 경향을 보면 우주인이 되기 위해서도 우선 먹을 것부터 해결해야 하지 않나 싶다. 결국, 우주에 나가서도 먹을 것은 지구라는 땅덩어리에 발붙이고 있다는 생각에 '지구인은 영원히 지구인'이라는 작은 유레카를 찾은 것도 같다.

장거리 우주여행을 하려면 땅 몇백 평은 우주선에 싣고 떠나야 하지 않을까? 그렇지 않으면 태양계를 벗어날 때쯤, "아, 안 되겠어. 얼큰한 김치찌개에 라면 사리 하나 넣고 밥 먹고 싶어. 지구에 잠시 다녀오자!" 할지도 모를 일이니까.

3.

직업상 같은 말의 다른 뜻, 혹은 말 속에 숨어 있는 말을 찾는 게 몸에 배어 그런지 평범한 속담까지도 내 식으로 다른 해석을 붙이는 경우가 많다. 예를 들어서 '떡 본 김에 제사 지낸다'라는 속담은 '우연히 운 좋은 기회에, 하려던 일을 해치운다'라는 본뜻이 있다. 하지만 본뜻 대신에 '제사에서 떡의 중요성'이라든지 '떡 하나만 있으면 제사를 지낼 수 있다'라는 식으로도 생각해 보는 것이다. 제사의 기원을 거슬러 올라가 보면 떡 하나만 놓고도 충분히 제사를 지냈던 원시 제사를 발견할 수도 있지 않을까?

우리가 제사를 지내는 모양을 보면 죽은 이들에게도 상다리 부러지게 음식을 차려 놓고 예를 갖추는데, 이는 죽은 이를 영영 죽었다고 보지 않고 우리와 함께 살아 있다고 생각하는 측면이 강한 것 같다. 그리고 '삶=먹기'라는 등식이 숨어 있는 것 같기도 하다.

살기 위해 먹는가? 혹은 먹기 위해 사는가? 이 질문은 뫼비우스의 띠처럼 맞물려 돌아가는 질문이다. 서로 결판을 내지 못하고 순환하는 관계라면, '삶=먹기'라는 등식으로 정리하는 게 정답일 수도 있다. 덧붙이자면, 제사상을 보면 망자들 뚱뚱해지기에 딱 좋은 식단 아닌가?

1에서 3까지, 나는 지금 내가 뚱뚱해질 수밖에 없는 이유랄지, 인생이란 결국 먹는 일이라는 그런저런 이유를 찾고 있다. 그중에는 이 광고도 포함된다.

사다리, 페인트 통, 타이어 등 각종 공구와 허드레들이 쌓여 있는 차고. 50대로 보이는 남자가 페인트 작업용 옷을 입기 시작한다. 그는 이제 막 아랫도리를 입고, 몸을 이리저리 뒤틀며 팔을 꿰는 참이다. '휴' 하는 벅찬 숨소리가 들린다. 고통스러운 얼굴로 바들바들 떨면서 '흐읍' 숨을 있는 대로 참고 단추를 채우는데, 단추 하나가 뱃살을 견디지 못하고 떨어져 나간다. 허리를 굽혀 줍기에는 옷이 너무 꽉 끼어 보인다. 남자는 떨어진 단추를 거들떠보지도 않는다. 나머지 단추를 겨우 채우고 나서 남자는 허리를 굽혀 앞에 놓여 있던 페인트 통을 들려다가 포기하고 다리를 벌리며 자세를 낮춰 통을 잡는다. 그리고 다시 한 번 '으흠' 헛기침하고 비틀거리며 차고를 나간다.

Long lasting colour
오래가는 페인트

이 광고는 인간은 나이를 먹으면 자연스럽게 살이 찐다는 것을 전제로 하고 있다. 그리고 우리 페인트는 날씬했던 젊은 시절에 한 번 칠하고, 살이 찐 중년에 한 번 칠해도 될 정도로 오래간다고 주장하고 있다. 우리는 차고도 없고, 페인트 작업복도 없고, 페인트칠할 일도 별반 없는 대한민국 남자이므로 페인트가 오래가든 말든 상관할 바 아니고, 그저 그 전제가 고마울 따름이다.

우리는 살이 찐다. 살이 찐 서로를 바라보며 나이를 먹는다. 그리고 살이 찐 서로를 용납하고 있다. 마음이 더 넉넉해졌다고도 할 수 있다. 서로 잘 보이려고 노력하기보다는 서로의 식욕을 받아들일 수준이 되었다는 뜻일 수도 있다. 많이 먹는 것은 물론 각종 성인병의 원인이 되겠지만, 잘 먹고 더불어 행복하게 먹는다면 어느 정도의 정상 참작은 해줄 수 있지 않을까?

평소 짜장면 한 그릇을 둘이 나누어 먹고도 조금 남기는 센스를 가진 여직원들이 "저녁은 샐러드 먹을게요" 했다가, 퇴근 즈음 "오늘은 간만에 치킨이랑 맥주 어때요?" 하는 소리에 격하게 미소를 지으며 흔쾌히 따라나서는 것처럼.

빈 의자 하나 더 준비하는 마음,
그로 인해 먹는 것은 즐거움을 넘어
구원이 되고 낙원이 될 수 있으리라

광고명 | Chain(2009)
브랜드 | The Coca-Cola Company
국 가 | France

초대하는
마음

여름 맞이 대청소를 하다가 베란다 창고에서 정성스럽게 묶어 둔 비닐봉지 하나를 발견했다. 안에는 종이컵 뭉치가 있었는데, 쌍둥이 아이들 돌잔치 때 이벤트 응모권을 담는 용도로 사용했던 것이었다. 돌잔치마다 빠지지 않는 '오늘 ○○○가 무엇을 잡을까요?'라는 이벤트. 시우는 무엇을 잡았고, 찬우는 무엇을 잡았더라? 기억이 벌써 가물가물하다. 쌍둥이라서 헷갈린다는 핑계도 통하지 않는다. 돈이나 연필, 청진기, 마이크 등과 같은 기성품을 전혀 쓰지 않고 하나하나 의미를 담아 새로운 돌잡이 용품을 준비했기 때문이다. 그때의 노력이 무색해지는 기억상실이다.

유난을 떤다고 핀잔을 들어 가며 준비한 돌잡이 물건 중 기억에 남는 하나는 의자였다. 두 아이가, 가족이나 미리 약속한 사람 말고도 누군가를 한 명쯤 더 불러서 식탁에 초대할 수 있는 넉넉한 마음을 갖길 바랐던 것이다. 빈 의자를 하나 더 준비해 두는 마음이 없다면 '우리끼리' 행복한 식탁에 머무를 것이다. 그러나 '빈 의자의 마음'이 있다면 외따로 떨어진 누군가를 초대하는 여유를 갖게 될 것이고, 그 이방인과 함께 음식을 나누거나 대화를 나눌 기쁨을 누릴 수 있지 않겠는가? 그런 마음을 가진 사람은 세상 누구도 '불청객'이라는 단어로 부르지 않는 큰사람 아니겠는가?

음식점 종업원에게 '여기 의자 하나만 더 갖다 주세요'라고 말하면 이미 가득 찬 식탁에도 두세 사람은 더 끼어 앉을 수 있다. 그러니 초대를 즐기고자 한다면 넉넉한 음식, 넓은 식탁이라는 거창한 준비가 아니라 빈 의자 하나만큼의 가벼운 호의를 실천하면 되는 일이다. 우리 부부는 아이들이 마음의 창고 안에 언제든 꺼내어 쓸 수 있는 빈 의자를 수북이 챙겨 두기를 바랐던 것이다.

매일 아침, 마치 신문을 보듯이 빼먹지 않고 국내외의 신규 CF들을 확인한다. 그 속에서 나는 평소 꿈꾸던 무한의 식탁, 내 아이들이 늘 자기 자신의 풍경으로 삼기를 바랐던 흐뭇한 축제를 보게 됐다. 서로 초대하고 초대 받기를 즐기는 사람들의 마을이 코카콜라 광고에서 구현되고 있었던 것이다.

광고는 경쾌한 음악과 함께 시작된다. 아마도 지중해 연안의 볕 좋은 마을인 듯하다. 마을 사람들 모두가 식탁을 들고 나와 길 한가운데에서 이어 붙인다. 식탁을 이어 가면서 그 위를 저마다 준비해 온 갖가지 음식들로 풍성하게 채워 간다. 사람들이 집에서 들고 나온 의자도 각양각색인데, 식탁이 세팅되는 대로 사람들은 그 의자에 앉아 음식을 즐기고, 뒤이어 나온 사람들은 계속해서 테이블을 붙여 나가는 식이다. 사람들의 표정은 낙원에서 식사를 즐기는 사람들처럼 행복한 미소를 띠고 있고, 주변에 앉은 사람들과 연신 유쾌한 담소를 나눈다. 저 멀리에 있는 사람들과도 반갑게 손을 흔들며 인사를 나눈다.

이제 식탁이 꽤 길어졌을 무렵, 배낭을 메고 식탁 옆을 지나가던 여행자가 보인다. 그러자 한 사람이 이방인인 그를 불러 세워 자기 자리에 앉기를 권한다. 음식을 준비하지도, 식탁을 차리는 것을 도와주지도 않은 무임승차자에게 흔쾌히 자기 몫을 내놓은 것이다. 더 아름다운 광경은 그때부터 펼쳐진다. 막 자기 자리를 양보하고 일어선 사람에게 바로 옆에 앉아 있던 사람이 자기 자리를 양보하는 것이다. 그러자 또 그다음 사람이 그렇게 하고……. 도미노처럼 다음 사람, 또 그다음 사람이 일어나 양보의 연쇄 반응이 일어난다. 음악은 끝이 없고, 즐거움은 끝이 없고, 초대와 양보 또한 끝없이 이어진다. 코카콜라와 함께하는 즐거움을 광고는 '무한식탁'으로 그려 내고 있었다.

문을 굳게 닫아걸고 끼리끼리만 즐기는 것이 아니라 모두가 한 가족처럼 먹을 것과 마실 것을 나누며 함께하는 마을이 있다면, 게다가 타인을 동석시키기 위해 무한의 사람들이 흔쾌히 자리를 양보하는 마을이 있다면 나는 그곳에서 살고 싶다. 내 아들에게 바라는 것은 나 스스로에게도 바라는 것이며, 내가 사랑하는 사람은 물론 세상 모두에게 바라는 것이다. 아이들의 돌잡이 용품으로 의자를 준비했던 까닭 역시 나 또한 그러한 세상에서 그들의 동료로서 살아가고 싶었기 때문이다.

그런 마음을 알아주는 마을이 있다면 미안하지만, 양가와 오랜 친구들을 멀리 떠나더라도 그 마을로 이주하고 싶다. 공부 잘 시키기로 소문난 학교, 동문 네트워크가 대단해서 두고두고 인생에 도움이 될 인맥을 쌓아 줄 학교와 변변한 학원 하나 없더라도, 아이들을 그 마을에서 키우고 싶다. 그 마을에는 남을 초대하기 위해 따뜻한 마음으로 준비해 둔 의자가 넘쳐날 것이며, 그 의자 하나하나마다 행복이 앉아 있을 것이기 때문이다.

먹는 게 인생의 제일 큰 낙이라고 한다. 그러나 그게 어디 혼자서 먹는다고 즐거움이 될 것인가? 함께 먹고, 나누어 먹어야 먹는 것은

발견이 전부다

즐거움이 된다. 거기에 초대의 한 자리까지 더해진다면, 먹는 것은 즐거움을 넘어서 구원이 되고 낙원이 될 수 있을 것이다. 누군가 불쑥 찾아와도 흔쾌히 먹을 것을 나누는 식탁이었으면 좋겠다. 초대장이 없으면 한 사람분의 양식도 더 내올 여유가 없는 그런 각박한 식탁은 아니었으면 좋겠다. 내 인생의 식탁 역시 그러했으면 한다.

꿈을 꿔보는 김에 더 바란다면 '나와 함께 일하자!'라고 서로 초대할 수 있었으면 좋겠다. 내 자리를 내어 주고 더 낮은 자리로 옮겨가는 넉넉함. 그리고 막 자리를 내준 내게 다른 누군가도 자리를 내어 줄 것이라는 믿음이 있는 일터. 그런 훈훈한 일터가 우리 생업의 풍경이었으면 좋겠다.

누구든 '너무 오래 서 있거나 걸어온' 사람이 없도록 손쉽게 앉을 자리가 마련되는 세상, 아무런 준비도, 좌중을 웃길 아무런 이야깃거리도 없는 미천한 불청객이라도 기쁘게 초대할 수 있는 넉넉한 사람들의 세상이 그립다.

2장

광고
인생

광고를 만들며 인생을 배우다

당신이 자유로운 영혼이었으면 좋겠어

광고명 | Grow(2008)
광고주 | Laurentian Bank
국 가 | Canada

아이처럼 생각하고
아이처럼 움직이기

"마흔 살 넘은 크리에이티브 디렉터(CD)들은 싹 다 죽어야 해, 썅!"

아직 마흔이 되지 않았던 선배는 술이 거나하게 취해서 허공을 향해 주먹을 휘둘렀다. 순간적으로 오뎅 바는 조용해졌다. 그 조용함은 곧 선배의 말이 닿은 곳의 모든 이들이 우리 테이블을 쏘아보고 있다는 것을 말해 주었다. 대한민국에서 다섯 손가락 안에 든다는 유명한 광고 회사 바로 뒷골목 술집에서 그런 망언을 쏟아 냈으니 공공의 적이 될 수밖에 없는 상황.

다행히 '그래, 내가 마흔 살 넘은 CD인데 한판 붙어 볼래?'라며 시비를 거는 이들이 없었으므로 사태는 커지지 않았다. 잠깐 오뎅을 물고 침묵하며 견디자 사방에서 쏟아지는 시선들은 이내 거두어 졌다. 술집은 다시 떠들썩해졌고, 우리는 안도하며 선배를 다독이기 시작했다.

오뎅 바에서 울분을 토해 냈던 것은 CD를 달지 못하게 될지도 모른다는 불안감 때문이었다. 광고 대행사 경력 십여 년에 CD를 달지 못하면 자연스럽게 물러나야 한다는 게 광고업계의 관행이었다. 그러니 윗자리를 차지하고 앉아 자리를 비켜 주지 않는 선배들 쪽으로 애먼 불똥이 튀었던 것이다. 그리고 다른 한편으로는 서른 중반부터 CD를 달고 승승장구하는 후배들에 대한 불만도 섞여 있었을 것이다.

광고계의 정년은, 말하기 부끄럽고 비참하지만 40대 중반이라고 할 수 있다. 일본만 하더라도 CD를 하지 않고도 카피라이터로서, 디자이너로서 60~70세가 되도록 자기 색깔을 내며 훌륭하게 광고 제작자 생활을 하는 경우가 많다. 하지만 한국의 광고계는 웬일인지 젊으면 다 좋고, 튀면 다 좋다는 생각이 뿌리 깊어서 조금만 나이를 먹을라치면 눈칫밥을 먹기 일쑤다.

다행히 CD라는 타이틀을 달면 조금 더 광고 일을 할 수도 있고, 그러다가 여러모로 관리를 잘하면 50대까지 직장생활을 할 수 있지만, 그 자리는 웬만해서는 쉽게 올라갈 수 있는 자리가 아니다. 젊은 시절 밤낮을 온전히 바쳐 일했어도 미래가 보장되지 않는 상황은 생

발견이 전부다

각하기도 인정하기도 싫지만, 어느덧 눈앞의 현실로 다가온다. 도대체 젊다는 게 어떤 가치가 있어서 젊은 감각에 저리도 목을 매는 것인가?

나는 앞의 광고를 보면서, 젊고 늙음의 차이가 꼭 광고계나 특정 직업군에 해당하는 것만이 아니라 인간 그 자체의 역동성에 관계한 것이라는 점을 어렴풋이 느낀다.

큰맘 먹고 사두었을 옷장 속의 빨간 드레스. 그러나 여자는 꺼내 입을 용기가 나지 않는다. 망설이고 있는 여자 앞으로 튀어나와 드레스를 꺼내 안기는 꼬마. 엘리베이터 안에서 서로에 대한 관심을 애써 억누르고 있는 남녀. 그들 앞에서 닮은꼴 꼬마들은 손 키스를 날리고 미소를 교환한다. 다음 장면. 회사에서 한 꼬마가 남자의 등을 떠밀어 상사의 방으로 밀어 넣고 있다. 휴가를 달라거나 연봉을 올려 달라거나 하는, 아니면 고장 난 의자를 바꿔 달라는 사소한 요구를 할 참으로 보인다. 계단을 내려오다가 물을 피하는 남자와 달리 신나게 점프해서 물을 튀기는 아이가 그 뒤를 잇는다.

엔딩 카피인 'One bank wishes to see you grow'를 '이 어린 아이들처럼 당신이 자유롭게 살아가기를 바라는 은행이 있습니다'로 해석하고 싶다. 이 광고는 어른이 되면 많은 이들이 자유분방함과 대담함을 잃는다는 것을 전제로 하고 있다. 오히려 아이들이라면

거침없이 즐겼을 재미있는 생활과 적극적인 생활을 잃게 된다는 가정이다. 생물학적인 나이를 멈추거나 되돌릴 수는 없는 노릇이니 마음이라도 늘 어린이의 그것, 아직 어린 시절을 선명하게 기억하는 청년의 젊은 마음을 유지하자는 얘기다.

광고의 논리처럼 삶을 풍성하게 하는 방법이 '어린아이처럼 되는' 것에 있다면, 크리에이티브를 풍성하게 하는 방법 또한 거기에 있을 터. 그러니 이 시대가 젊은 광고인을 원하는 건 어쩌면 당연한 일이 아닐까?

"머리를 왜 기르게 됐어요?"

광고주와의 회식자리에서 내 옆에 앉아 있던 IMC(통합 마케팅 커뮤니케이션)팀 직원이 물었다. 머리를 길러 어깨까지 온 지 벌써 3년이 넘었으므로 이런 질문은 충분히 예상할 수 있었을 텐데, 나는 순간적으로 당황해 얼버무린다는 것이 이렇게 말하고 말았다.

"광고인으로는 인상이 워낙 착하기만 해서…… 살기 위해서 그랬죠."

"별로 착해 보이시진 않는데."

"하하, 그런가요? 나름 착한 면도 있는데요."

어설프게 대답하고 대화는 싱겁게 끝났지만, 나의 대답 속에는 '살기 위해서, 외모부터 젊은 감각을 유지하고 있다는 인상을 주기 위해서'라는 진심이 담겨 있었다.

"피어싱을 해보는 건 어때?"

"매니큐어를 칠해 보는 건 어때?"

내 외모에 대한 아내의 요구는 다양하다. 외모뿐만이 아니다. 옷을 사러 갈 때도, 가방이나 구두 같은 것을 사러 갈 때도 아내는 좀더 과감해지라고 요구한다. 왜 그러느냐고 물으면 아내는 이렇게 대답한다.

"당신이 자유로운 영혼이었으면 좋겠어."

그리고 내 영혼이 자유로워져야 하는 이유를 이렇게 말한다.

"크리에이티브를 하는 사람이잖아. 광고나 카피라이팅이 아니더라도 늘 크리에이티브하고 싶잖아."

그렇다. 나도 자유로운 영혼을 갖고 싶어서 머리를 길렀다. 곱슬머리의 뻣뻣함에 반항하지 못하고 그저 장교 같은 헤어스타일로 평생을 살아왔던 내가, 모범생의 이미지로만 살아왔던 내가, 머리를 기르기로 한 데에는 그런 이유가 있었다. 대외적으로는 광고인답게 튀어 보이기. 대내적으로는 내 안의 딱딱한 것들을 부수기. 그 방법으로 택했던 첫 번째 시도가 귀고리였고, 두 번째 시도가 머리를 기르는 것이었다.

이 땅의 수많은 광고인이 스스로를 상품화하기 위해서 튀는 외모로 살고 있다. 때로 그것이 자기 취향에 맞기도 하지만 그렇지 않은 경우도 많다. 마흔 살의 벽을 향해 술잔을 내던졌던 선배처럼, 숱하게 몸부림치면서 사회가 요구하는 크리에이티브한 기준에 맞춰 가려고 눈물겹게 노력한 결과이기도 하다.

나는 나의 긴 머리를 진정 원했던 것인가? 긴 머리는 삼손의 그것처럼 나에게 힘을 주고 있는가? 머리를 기른 것이 오히려 남들이 정한 기준에 순종하는 타율과 타성의 상징은 아닌가? 가위를 움켜쥐고 거울 앞에 서서 나에게 물어야겠다. 긴 머리 없이도 내 삶의 구석구석이 틀에 얽매이지 않고 자유로울 자신이 있는가?

만약 자유롭지 않다면 차라리 긴 머리 따위의 허위는 싹둑 잘라버려야 하리. 그것이 진정한 크리에이티브의 길일 것이므로.

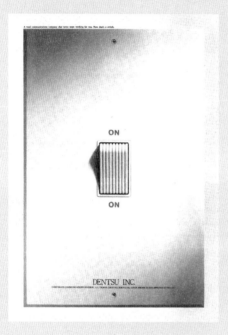

꺼지지 않는 등불,
쉼 없는 일이 과연 바람직한 것일까?

광고명 | Switch(1996)
광고주 | Dentsu Inc.
국 가 | Japan

영원히 꺼지지 않는 스위치

새벽 2시, 전화벨이 울렸다. 회의하다가 전화를 받으러 간 막내가 묻는다.

"경비 회산데 세트 몇 시에 할 거냐고 묻는데요?"

"자동응답이잖아. 대충 아무거나 누르고 와."

"아뇨. 이번엔 직원이 직접 전화 걸었어요."

"음……. 한 시간 후에 한다고 해."

"한 시간이요? 예, 알겠습니다."

그렇지 않아도 회의를 더 하는 건 무리인 것 같아 마무리하려던 참이었다. 팀원들의 얼굴에 지치고 졸린 기색이 가득했다.

경비 회사는 밤 10시가 되어도 퇴근 후 경비 시스템 가동을 뜻하는 '세트'가 되지 않으면 자동으로 전화를 걸어 왔다. 한 시간 간격으로 전화벨이 울리면 녹음된 목소리가 들린다. 아직도 그 시간까지 퇴근하지 않은 것이 '이상하다'는 전제가 깔린 것이었다. 녹음된 목소리가 서너 차례 전화기를 타고 들려오다가 급기야 직원이 직접 전화를 걸었다니, "당신들, 이 시간까지 도대체 뭐 하고 있는 거요? 이상 없는 거 맞아요?"라고 하는 것 같았다. 광고 회사를 제대로 알기나 하고 경비를 해주는 건지 한심한 생각이 들었다가도, 새벽까지 회의하고 있다는 사실이 더 한심한 게 아닌가 싶었다.

"잘나가는 CD들 하는 식으로 하면 너흰 버티지도 못해."

우리 팀의 전임 CD는 회의를 길게 끌지 않는 분이었다. 밤이나 새벽에 회의하는 경우도 없었다. 그 자신이 그들 중 한 명이면서도 광고계에서 소위 잘나간다는 CD들이 어떻게 일하는지 덧붙였다.

"두 시간마다 아이디어 가져오라고 다그치면서 몇 날 며칠을 새우는 줄 알아? 그러니까 걔네가 성공하는 거지."

우리라고 광고장이들이 어떻게 일하는지 모르는 바가 아니었으므로 충분히 짐작되는 일이었다. 일주일에 두세 번밖에 집에 가지 못한다는 악명 높은 대행사들이 적지 않았고, 결국 그들이 히트 치는 광고를 만들어 내곤 했기 때문이다. 업계에서 상위에 링크된 한국의 대표적인 광고 대행사들, 그중에서도 훌륭한 크리에이티브를 선보이는 곳들은 그렇게 무지막지하게 일하고 있었다.

아주 오래된 광고이긴 하지만, 미국의 어느 대행사는 밤늦게 스탠드를 켜놓고 일하는 카피라이터를 보여 주면서 '퇴근 시간 이후에 썼습니다'라는 카피를 달아, 자신들이 얼마나 열심히 일하고 있는지를 신문에 광고했다. 그리고 세계적으로도 손꼽히는 일본 최대의 광고 대행사인 덴츠는 앞의 'Switch'라는 광고로 '절대 쉬지 않는' 광고인의 계보를 이어 갔다.

경비 회사가 이 광고를 알고 있었고, 광고 대행사가 대부분 밤낮이 따로 없다는 것을 알았다면, 손수 전화 걸어 확인하는 수고는 하지 않았을 것이다. 덴츠의 광고대로라면, 밤이든 새벽이든 주말이나 명절 연휴든, 광고 회사의 불이 꺼지는 일도, 그래서 경비 시스템이 세트 되는 일도 없을 것이기 때문이다.

광고 대행사 사람들 일하는 사정이 대개 이러하다는 것은 알겠는데, 그렇다고 이렇게 끝없이 일하는 것이 정당한 것일까? 꺼지지 않는 등불, 쉼 없이 일이 과연 바람직한 것일까? 불행한 것은 대한민국 곳곳에 꺼질 줄 모르는 등불 밑에서 일하고 있는 사람이 광고인 말고도 많다는 사실이다.

경찰이 된 지 몇 년 안 된 후배 하나는 어느 날 나에게 '죽지 않으려고 비타민을 먹기 시작했다'라고 말했다. 원래 체격이 좋고 활동적이어서 지치는 일이 거의 없어 보이던 녀석이었는데, 평균 이틀씩 밤샘 근무를 하다 보니 몸이 축나는 게 확실히 느껴졌고 이러다간 큰일 나겠다 싶었다는 것이다.

자동차 회사의 팀장인 사촌 동서는 집에서 그리 멀지 않은 회사에 다니면서도 월요일에 출근해 금요일에 퇴근하는 주말부부 생활을 하고 있다고 했다. 얼마 전에도 일요일 가족 모임에 참석했다가 밤에 집이 아니라 회사에 가야 한다고 했다. 주중에 회사 숙소에 머무는 그에게, 일을 재촉하는 등불은 꺼지지 않고 있다. 고등학교 동창 중에도 아침 7시 이전에 통근버스를 타고 출근하고 밤 10시~11시가 돼서야 퇴근하는 친구들이 많다.

어찌 보면 대한민국은 불 꺼지기를 두려워하는 사회 같다. 죽도록 일하다가 그중 일부는 어처구니없게도 일에 치여 죽고, 그렇게 폭주하는 사회 같다고나 할까. 제철 회사의 용광로처럼 한번 켜지면 좀처럼 식지 않는 머리를 이고 산다는 것은 불안하다. 등불을 예로 들면, 켜지지 않으면 불편을 견디면 되지만, 꺼지지 않으면 불안을 견뎌야 하는 것 아니겠는가?

'Earth Hour'라는 지구촌 불 끄기 행사가 있다. 온실가스 배출량을 줄이기 위해 전 세계의 수많은 도시에서 한 시간 동안 불을 끄자는 운동이다. 광고 대행사들이 연합해서 그런 행사를 하면 어떨까?

그리고 '당신을 위해 더 열심히 일하기 위해, 우리도 쉽니다'라는 공동 광고를 내보내는 건 어떨까? 창의적인 일에 오로지 물리적인 시간을 투자해야 한다는 생각은, 좀 진부하지 않은가? 크리에이티브하려면, 행복한 광고를 만들려면 '내일'에도 밤을 줘야 한다. 어둠을 줘야 한다. 'off'를 허락해야 한다.

대부분의 광고인은 가족들로부터 더는 다그침을 받지 않는다. 회의하는 중에 누구도 걱정하는 전화, 언제 오냐는 전화를 받지 않는다. 가족은 이미 익숙해졌고, 아내와 아이들은 이미 포기한 지 오래다. 낙오하지 않기 위해서, 성공하기 위해서 그러려니 하며 참아내고, 열심히 함께 일하는 동료들 눈치도 보기 때문이다.

가족들조차 전화를 걸지 않는 새벽. 그래, 광고 회사의 업무 습관을 몰라도 좋다. 녹음된 음성이라도, 경비 회사 직원이라도 줄기차게 전화를 걸어 다오.

"세트는 언제 하실 건가요?"

"아직도 집에 안 가신 건가요?"

지구가 가진 부를
공평하게 나누어 쓸 수는 없을까?

브랜드 | Clorox(2001)
광고주 | Clorox Company
국 가 | Brazil

여기서 잃으면
저기서 얻을 것이다

며칠간의 야근으로 스트레스 쌓인 몸이 술을 원하고 있었다. 일주일 앞으로 다가온 경쟁 프레젠테이션을 준비하다가 예전에 같은 회사에 다니던 후배가 생각나 수화기를 들었다. 그러나 번호를 돌리던 나의 손은 업계의 불문율을 지켜야 한다는 생각에 도중에 멈추고 말았다.

아, 맞다. 그 후배는 지금 다른 광고 대행사의 직원이라 나와 같은 프레젠테이션에 참가하고 있었다!

경쟁 프레젠테이션이란 기업이나 단체가 공개 경쟁 입찰로 광고 프로젝트를 발주하는 것을 말한다. 그 광고 건을 따내기 위해 여러 광고 회사가 마케팅 및 광고 전략과 크리에이티브(CF, 인쇄 광고 등의 제안)를 준비해서 경쟁한다. 그러니 후배와 나는 그 프레젠테이션을 준비하는 기간에는 서로의 적인 것이다. 술을 마시다가 혹시나 우리 쪽 전략을 흘리거나, 저쪽의 전략을 주워들어 곤란해질 경우가 많아 쉽게 만날 수도 없는 노릇이다.

이런 조심스러움은 경쟁 프레젠테이션 당일에 끝나는 것도 아니어서, 광고주가 한 업체를 선정하고 나서야 서로의 전략을 몰래 알려 주는 정도다. 심지어 상대방이 해당 프로젝트를 진행 중인지 모를 경우도 많아서 경쟁 프레젠테이션 당일, 원청 업체 회의실이나 복도, 지하 주차장, 혹은 엘리베이터 안에서 지인을 마주치는 경우도 많다.

광고인들은 이래저래 만남과 이별에 익숙하다. 한 CF를 이삼 년씩 장기간 방송하는 경우도 거의 없고, 같은 광고주를 오륙 년씩 모시는 경우도 많지 않다. 광고의 절대적인 룰 중 하나가 '새로움'이다. 소비자가 광고에, 광고주가 광고 회사에 항상 새로운 것을 요구하기 때문이다. 대행사 내부 조직을 이리저리 자주 바꾸는 이유도, 인사이동을 통해서 새로운 멤버를 수시로 수혈하는 이유도 이 때문이다. 인 하우스 에이전시의 경우가 아니면 광고주는 한 이 년쯤 지나면 대행사를 바꾸고 싶어 한다. 평균 이삼 년이 지나면 떠나려는 광고주를 붙잡아 두려는 대행사와 변심한 애인을 낚아채려는 다른 대

발견이 전부다

행사 간에 먹잇감을 두고 벌이는 치열한 싸움이 시작된다. 우리나라 전체 광고비가 한정된 상황에서는 결국 이 모든 것이 제로섬 게임 zero-sum game 이다.

앞쪽의 광고는 살충제 효과가 뛰어나서 벌레들이 사라진 뒤 벌레잡이 식물과 개구리가 실직자 신세가 된다는 내용이다. 벌레잡이 식물이나 개구리야 '나'와 감정을 교류하는 대상이 아닌 만큼, 굶는 처지가 된다 해도 애처로워할 일은 아니다.

그러나 측은한 마음을 전혀 불러일으키지 못하는 대상이라 할지라도, 종이상자를 찢어 만든 구직 팻말을 들고 있다는 것 자체는 그리 유쾌하지 않다. 더하고 빼면 결국 0이 될 뿐인 광고계의 처지가 생각나기 때문이기도 하고, 청년실업과 양극화 문제가 고착돼 가는 지금 우리 실정이 떠오르기 때문이기도 하다.

버스 정류장에서 집으로 걸어가는 5분 동안, 몇 개의 치킨 가게들을 마주친다. 그 가게들을 볼 때마다 묘한 동류의식이 생기는 걸 보니 내 삶도 치킨 가게와 알게 모르게 연결되어 있다는 생각이 든다. 아마도 언젠가 직장에서 물러나게 되면 내가 할 수 있는 일이 바로 저것 아닐까 생각했기 때문일 것이다. 작고 작은 소시민일 뿐인 나, 때로는 세상을 바꿀 위대한 광고 캠페인을 생각하기도 하지만, 다른 직업보다 이른 퇴직 문화와 손에 쥔 돈을 생각하면 어쩌면 당연할지도 모른다. 선배들의 경우도 크게 다르지 않다. 하긴 그게 어디 광고인들만의 일인가? 회사에서 더는 환영받지 못하는 직장인이 할 수 있는 일이란 결국, 그렇고 그렇지 않은가?

이런 동류의식 때문일까. 고작 장바구니 한두 개를 채우자고 자가용을 타고 인근 대형마트를 향해 가는 내 모습이 떨떠름해질 때가 있다. 벌써 십여 년 전 일이지만, 한때 나는 동네 길 건너에 생긴 중형마트에 반감을 품고 애써 골목 끝에 자리 잡은 두 평짜리 구멍가게를 애용하던 순정파 소비자였다. '중형마트'라 했지만, 새로 생긴 길 건너 마트는 가게 두세 개 정도를 이어 붙인 크기의 군소 마트였고, 프랜차이즈도 아니었다. 하지만 몸집을 불린 그 마트는 젊은 내가 보기에 '대기업'이었고, 걸음을 옮길 필요도 없이 몸만 돌리면 모든 상품을 볼 수 있는 기존의 구멍가게를 죽이는 자본의 횡포 같았다. 그래서 100원, 200원이 더 비싸더라도 구멍가게를 찾곤 했던 것이다.

구멍가게든 치킨집이든 그 '작은 가게'들에 동류의식을 느끼고 애정을 갖는 것은 앞서 말한 대로 나의 소시민적인 삶의 한계와 관계있다. 그러나 의지가 있고 땀 흘릴 열정이 아직 남아 있어도 무언가 밥벌이가 되고 가족의 부양책이 될 수 있는 '작은 방편'이 사라져 가는 것은 우리 시대의 아픈 단면이 아닌가 싶다. 그나마 몸부림칠 수 있는 약간의 돈이 남아 있는 소시민들이 작은 가게를 연다 한들,

발견이 전부다

잠깐 동안의 자위가 될 뿐 큰 가게의 끝없는 욕심 앞에서는 곧 쓰러지고 만다. 작은 가게의 소중함을 몰라보는 동네 사람들의 무감각한 선택 앞에서 얼마 안 가 또 하나의 실패로 남는 경우가 허다하지 않은가? 참 쓸쓸한 풍경이 아닐 수 없다.

지구가 가진 부를 공평하게 나누어 쓸 수는 없을까? 지구에 발을 들여놓은 동료 구성원에게 제 밥벌이를 허락할 아량은 그리 갖추기 어려운 것인가? 한쪽으로만 쏠리고 모여서 누구는 산을 이루고 누구는 골을 이뤄 대치해야만 하는가? 오직 죽은 이후에 한해서만 '우리는 공평하다'를 외쳐야 하는가? 경쟁 프레젠테이션에 집중해야 할 머릿속에 자꾸만 다른 상념이 끼어든다.

내가 너보다 더 남기겠다는 욕심을 덜어내면, 제로섬zero-sum이라는 낙원에 이를 수 있을지 모른다. 여기에서 잃으면, 다른 곳에서 얻을 것이다. 내가 손해를 보면, 다른 이는 이득을 볼 것이다. 결국, 합해서 '0'인 셈이다. 한동안은 나의 광고주였다가 한동안은 너의 광고주도 될 것이다. 우리는 결국 합해서 '0'이므로.

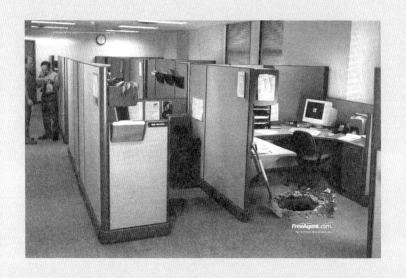

들어올 때는 바늘구멍이요 나갈 때는 밥숟가락이니,

밥벌이는 왜 늘 지겨운 것일까?

광고명 | Hole(2000)

광고주 | Freeagent.com

국 가 | U. S. A.

오늘도 우리는
땅굴을 판다

광고 대행사는 '광고를 원하는 자' 즉 광고주를 위해 존재한다. 그런데 광고주는 제한이 없어서 '나를 광고해 달라'며 각종 직업군, 별의별 상품과 서비스 광고 의뢰가 물밀듯이 들어온다. 농부가 찾아오기도 하고, 때로는 단란주점 사장님이 찾아오기도 한다. 야쿠르트를 만드는 사람, 잇몸 약을 만드는 사람, 자동차를 만드는 사람, 철을 만드는 사람, 변호사, 의사 그리고 대통령을 꿈꾸는 거물급 정치인까지 세상 사람 누구나 찾아온다고 할 수 있다. 아주 작은 광고라도 내고 싶은 사람, 그걸 전문가에게 의뢰하고 싶은 사람이면 누구나 광고주가 되는 것이다.

그들을 만나 이야기할 때면 '직업 세계 일주'라도 하는 기분이 든다. 게다가 가볍게 만나는 것이 아니라 그들의 제품과 서비스 광고를 만들어야 할 입장에서 밀접하게 만나다 보니 그들의 직업에 대한 이해도가 보통 사람보다 높다고 할 수 있다. 그러면서 이 직업은 이런 좋은 면이 있구나, 저 직업은 저런 말 못할 사정이 있구나, 하고 갖가지 직업의 속내를 들여다볼 수 있다.

광고주를 모시고 업무를 대행하다 보면 가끔은 광고 대행사보다는 광고주의 업무가 적성에 맞는 경우가 생긴다. 이럴 때 광고주 쪽에서도 그의 능력을 높이 사면 자연스럽게 이직이 이루어진다. 대행사 출신으로 기업체의 마케팅 부서나 광고홍보 부서에서 일하는 사람들이 많은 까닭이다.

몇 년 전, 카피라이터를 구한다고 인터넷 광고 사이트에 공지를 띄운 지 1주일쯤 지났을 때, 전화 한 통이 걸려 왔다.

– ○○○이죠?

"네, 그렇습니다."

– 카피라이터를 뽑는다고 해서…….

"네 맞습니다. 제가 담당자입니다."

– 그런데 혹시 나이가 좀 많아도 지원이 가능합니까? 모집 공고에는 나이 제한 항목이 없었던 것 같아서요.

"네, 그렇게 돼 있죠."

– 그렇다면 혹시 59년생도 지원 가능할까요?

"……."

선뜻 대답하지 못하자 저쪽에서 이쪽 분위기를 바로 알아챈 모양이었다.

– 아무래도 힘들겠죠? 아무튼, 고맙습니다.

전화를 끊으면서, 그가 몇 달 전 인턴 직원을 뽑을 때 서류를 냈던 사람이라는 직감이 들었다. 당시에 인턴 직원 채용 업무를 도왔던 후배 카피라이터는 신기하다며 그의 이력서를 한참 동안 들여다봤다. 1959년생인 그는 현재 이사 직함을 갖고 있었다. 거쳐 온 이력도 만만치 않았다. 심지어 MBA 자격증까지 있었다. 지금까지 쌓아 올린 것들을 무효로 만들면서까지 그가 인턴이나 카피라이터에 지원한 이유는 뭘까? 광고인 채용 사이트를 기웃거리면서, 여기저기 이력서를 넣고 인사 담당자와 통화하고 있을 그는 어떤 사람일까?

분명히 그냥 잠깐 생각해 보고 내린 결정은 아닐 것이다. 자신의 이력, 수입, 가족의 이해를 모조리 재구성해야 하는 어려운 그 길을, 그는 시작하려 하고 있었다. 그를 받아 줄 기업이 있을지, 그가 과연 광고 업무에 발을 들여놓는 것이 가능할지에 대해서는 회의적이다. 목소리만 잠깐 들었을 뿐인 그를 생각하면, 앞의 광고가 생각난다.

For a brave new workforce!

자유로운(=회사를 때려치운) 인재를 위해!

아직 업무 시간이고 동료들은 일하고 있는데, 누군가 자기 자리에 굴을 파고 빠져나갔다는 설정이다. 옆에는 굴을 파는 데 썼던 삽이 세워져 있다.

숟가락으로 굴을 파서 감옥을 탈출한다는 설정의 영화를 떠올리게 하는 광고다. 어디 밥숟가락뿐이랴. 진정 나가고자 한다면 티스푼으로 긁어서라도 굴을 만드는 게 정상 아닐까? 2017년 초 어느 조사에 따르면 직장인의 40% 이상이 이직을 꿈꾼다고 하니, 그들은 근무하면서도 입에 밥숟가락을 하나씩 물고 여기저기 기웃거리며 굴을 파고 싶은 욕망을 품고 사는 셈이다. 직업의 세계 자체에 진입하기가 쉽지 않은 오늘날의 상황에서 젊은이들에게는 좀 미안하지만, 많은 직장인이 이직을 꿈꾸고 있나 보다.

이 광고를 한 회사는 프리랜서와 일을 매칭시켜 주는 비즈니스 모델을 갖고 있는데, 직장생활에서 탈출하고 싶은 보편의 정서를 적극적으로 이용하면서 모두 '용감해지라'고 유혹하고 있다.

밥숟가락으로 굴을 파고 싶은 사람은 직장인뿐만이 아닐 것이다. 주부들 또한 현재 서 있는 그 자리를 얼마나 탈출하고 싶은지 모른다. 연애 시절만큼 살갑지 못한 남편 때문일 수도 있고, 마음이 안

맞는 시대 때문일 수도 있다. 또는 사랑만으로는 버티기 힘들 정도로 모든 시간과 정성을 요구하는 자식 때문일 수도 있다. 아니면 그저 그렇게 쳇바퀴 돌듯 흘러가는 집안 살림 특유의 무료함 탓일 수도 있을 텐데, 이유야 어찌 되었건 하루 온종일 그곳에 갇혀 있다는 느낌은 누구나 가지고 있는 것처럼 보인다. 그녀들 또한 마음속으로 얼마나 밥주걱과 국자로 부엌 바닥을 파고 있을 것인가? 전업주부라는 말이 있듯이, 이 직업군도 다른 직업군과 마찬가지로 이직을 꿈꾸는 사람들 천지일지도 모른다.

밥벌이는 왜 늘 지겨운 것일까? 들어올 때는 바늘구멍이요 나갈 때는 밥숟가락이니, 그게 단지 변덕스러운 직장인의 마음 때문만은 아닐 것이다. 적성을 학창 시절 테스트해 보고 여기저기 다양한 직업의 세계를 안내 받는 것이 도무지 불가능한 탓이기도 할 것이다. 대학을 나오지 않으면 죽도 밥도 안 된다는 철석같은 믿음 또한 대학밖에 꿈꿀 수 없는, 일방통행인 청소년기를 만든다.

순환보직제를 하면 어떨까 싶기도 하다. 평균 수명도 꽤 길어졌겠다, 한 서른다섯까지는 소위 '뺑뺑이'를 돌리는 것이다. 자동차 만드는 회사에서 2년, 두부 만드는 회사에서 2년, 게임 만드는 회사에서 2년…… 뭐 이런 식으로 말이다. 그러면 늘 굴을 파고 싶어 하는 직장인들의 마음이 조금은 사라질까?

죽음을 광고할 때는
보수나 밥벌이에 연연하지 않는,
조금은 다른 마음이 된다

광고명 | The day you went to work(2007)
광고주 | Transport for London
국 가 | U. K.

'파는' 광고가 아닌
'알리는' 광고

햇볕이 따가운 출근길이다. 평소 사거리 한가운데서 교통 봉사를 하던 모범운전자가 50미터쯤 떨어진 버스 정류장 쪽에 나와 손짓하고 있다. 그리고 보니 그 뒤로 정류장 근처 버스전용차로에 서 있는 출퇴근용 관광버스가 한 대 보인다. 버스전용차로 위, 도로 한가운데선 관광버스에서 사람들이 내리고 있다. 근처엔 교통경찰도 한 명 보인다. 교통법규라도 어긴 걸까? 아니면 고장이라도 난 걸까?

여기까지는 일상 속 출근길의 모습이다. 혹은 그것의 작은 변주에 지나지 않는다. 버스를 지나치는 순간, 버스 앞에 흩어진 물체들이 보인다. 버스 바로 앞에 배달용으로 흔히 볼 수 있는 작은 오토바이 한 대와 피투성이가 된 두 사람이 어지럽게 흩어져 있었다. 사고가 난 지 채 5분도 안 되었을 법한데 그곳에 누운 자도, 그곳을 지나치는 차도, 근처 인도의 사람들도 모두 고요하다. 7월 중순이라 이른 아침부터 따가운 햇볕만 조금 시끄러운 느낌이랄까? 불길하게도 상황은 이미 끝나 버린 것 같다. 정적이 불편하다는 듯 건너편 버스전용차로를 타고 119 구급차가 사이렌을 울리며 접근한다.

그러나 여전히 조용한 느낌이다. 아직 울어 줄 누군가는 사고 소식을 듣지 못하였을 것이고, 그들의 울음은 먼 데서도 아직 시작되지 않았다. 남녀는 아주 젊어 보인다. 죽기에 적당한 나이가 있는 것은 아니지만 죽기엔 너무 젊어 보인다. 교복을 입지 않은 것이 그나마 다행이라는 불미스러운 생각이 얼른 스쳐 간다. 20대 내외의 그들은 아침 출근 시간에 그렇게 생을 마감했다.

출근길에 불의의 죽음을 목격한 남자는 광고장이다. 광고 회사에서 말과 글을 만들어 내는 카피라이터다. 그는 돈을 내며 카피를 쓰고, 이미지를 만들어 내고, CF가 될 기기묘묘한 이야기를 지어낸다. 그와 함께 일하는 카피라이터, 디자이너, 기획 파트의 직원들도 돈을 주면 광고를 만들어 낸다. 속옷에서 아파트까지, 자전거에서 비행기까지, 바늘에서 로켓까지, 알리고 팔 것은 다 광고한다. 제품만이 아니다. 청소에서 자산관리까지, 수학여행에서 우주여행까지, 온갖

발견이 전부다

서비스를 다 알리고 판다. 광고하는 대상 중엔 '죽음'도 끼어 있다.

죽음을 대상으로 한 광고는 여러 형태로 가지치기를 한다. 죽음의 일부라 할 수 있는 질병은 치료가 쉽고 발생 빈도가 높은 질병에서부터 죽음을 부를 위험성이 큰 무서운 질병까지 다양하다. 죽음을 돈으로 환산한 보험, 죽음의 처리를 맡은 상조 회사 서비스, 그리고 죽음을 저장하는 무덤이나 납골당도 광고하고 파는 대상이다.

그런가 하면 죽음 그 자체, 오늘 아침에 목격한 바로 그런 죽음도 광고의 대상이 된다. 그런 죽음을 광고하는 일에 누가 돈을 대는가? 죽음의 사회적 비용을 생각하는 공익단체가 바로 그들이다. 교통사고, 안전사고, AIDS, 마약 등으로 죽는 경우를 예방하고자 광고하는 것이다.

최근까지 우리나라에서 죽음을 다룬 광고들은 다분히 비유적이었다. 도로에 내팽개쳐진 아빠의 깨진 안경, 주인 잃은 곰 인형, 하얀 페인트로 그려진 시신이 있던 자리, 핏자국처럼 빨간 하이힐 등으로 죽음은 광고되었다. 하지만 광고 표현에서 우리보다 꽤 과격한 서양에서는 우리의 은유적인 광고보다 훨씬 직접적이고 자극적이다. 그들은 실제로 내팽개쳐진 시신과 멍들고 피가 흐르는 몸을 보여 주는 데 주저하지 않는다. 멀쩡하게 바에서 술을 마시던 젊은이가 갑자기 벽에 부딪혀 바닥에 내팽개쳐지며 피범벅이 되는 장면으로 음주운전을 경고하기도 한다. 한국의 광고인인 내가 찌그러진 오토바이 위에 카피를 쓴다면, 그들은 젊은이들의 아직 식지 않은 몸 위에 곧장 카피를 쓰는 격이다.

알람, 언제나 당신을 깨우던.

얼굴, 언제나 당신이 잡아당기던.

수건, 당신이 바닥에 남겨 놓은.

양말, 당신이 결코 찾지 못한.

넥타이, 당신의 옷이 되었던.

청구서, 당신이 납부를 잊었던.

시리얼, 당신이 결코 다 먹지 못한.

화분, 당신이 결코 물 주지 않던.

여자친구, 당신이 굿바이 키스를 한.

길, 당신이 수년간 그 위에 살았던.

차, 늘 서 있기만 하던.

상점, 늘 문을 열어 놓은.

의자, 늘 한자리에 있던.

어린이, 학교 가는 길의.

문, 당신이 너무 늦게 본.

가로등, 당신이 쾅 부딪힌.

발견이 전부다

다리, 당신이 더 이상 쓰지 못하는.

그날, 당신이 출근하던.

(대부분의 충돌 사고는 집에서 3마일 반경 이내에서 발생합니다.

익숙한 길도 그렇지 않은 길처럼 조심해야 합니다.)

–런던시장과 Transport for London이 오토바이 사고를 소재로 집행한 공

익광고

어느 쪽의 표현 방식이 직접적이거나 간접적인지, 어느 쪽이 한 쪽을 닮아 가는지를 떠나 한국의 광고인이나 영국의 광고인이나 사고를 막자는 목적으로 일한다는 것은 일치한다. 각각 표현 방식은 다르지만 막고자 하는 죽음의 무게, 죽음을 막고자 하는 절실함은 마찬가지일 것이다. 그러나 아무리 충격적인 광고로 경고한다 해도 죽음의 행렬은 쉽게 멈추지 않는다. 그들은 여전히 헬멧을 쓰지 않고 불편하다는 핑계로 안전벨트를 매지 않는다. 또한 그들은 여전히 규정 속도를 지키지 않는다. 뭔가를 팔기 위해 열심히 설명하는 판매원을 아무렇지도 않게 무시하고 지나쳐 버리듯이, 죽음의 길을 가로막고 외치는 경고를 그들은 외면한다.

광고와 광고 효과 사이에는 설득과 무시의 간극이 있다. '나'와 '내가 될 수 없는 너'의 존재론적 간극이 있다. 광고와 시청자 사이

에는 쉽게 없어지지 않는 망각의 강, 방어의 벽이 서 있다. 그래서 광고는 웃지 않는 관객 앞에서 어쩔 줄 모르는 개그맨처럼, 막대사탕에도 울음을 그치지 않는 아이 앞의 엄마처럼 난감하고 속절없음을 견뎌야 하는 직업이기도 하다. 무기력의 극복은 광고인의 또 다른 숙제가 된다.

나는 광고장이다. 제품과 서비스를 '파는' 광고도 만들지만, 무언가를 '알리는' 광고도 만든다. 우리 사회의 위험요소를 미리 알려 경고하고, 보다 안전하고 행복한 길을 제시하는 일을 맡기도 하는 것이다. 오늘 아침 내가 목격한 그들의 죽음에 나 또한 어느 정도 연결되어 있다고 할 수 있다. 그들은 나 같은 광고장이들이 만든 교통사고 예방 광고를 정말 보지 못했을까? 우리는 어느 식으로든 보수를 받고 죽음(정확하게는 죽음 방지책)을 광고한다. 그러나 이때는 보수나 밥벌이에 연연하지 않는, 조금은 다른 마음이 된다. 광고를 만들지만 광고장이에만 머무르지 않는 것이다.

어쩌면 죽음을 광고하는 순간이야말로 사거나 사지 않거나 생명에 전혀 지장이 없는 다른 상업광고보다도 더 의미 있는 작업, 보람 있는 작업이 되는 순간일지 모른다. 이런 책임감과 보람이 비극적인 결말의 안타까움을 상쇄해 주고, 나를 지탱해 준다.

부디 나의 광고가 귀 기울이지 않고 스쳐 지나갈 정도로 미천한 크리에이티브가 아니기를. 좀 더 진지하게 귀 기울이게 하는 호소력 있는 광고이기를. 정신 번쩍 들게 해서 좀 더 안전하고 행복한 아침을 가능케 하는 절절한 외침이기를.

쉼 없는 노력과 염원과 행운이 합해지면
역사를 바꾸는 사건들이,
우리네 인생살이의 변곡점들이 생겨나는 게 아닐까

광고명 | 치마 – 황보라, 오달수편(2005)
브랜드 | 왕뚜껑
광고주 | 한국야쿠르트
국가 | Korea

뚜껑의
기적

그러니까 사연은 이렇다. 이전 시즌 광고의 인기 때문에 골머리를 앓던 크리에이티브 디렉터가 있었다. 그게 왕이든 대통령이든 내무반장이든 전임자가 너무 잘해 놓은 경우 후임자는 시시콜콜한 것까지 비교당하며 고생하듯이, 광고도 어느 한 시기에 메가톤급 히트를 쳐버리면 다음 광고를 만드는 일이 여간 힘들어지는 게 아니다.

그 CD도 그런 처지였다. 전작은 소위 〈패러디 편〉이라 불렸는데, 'CF가 CF를 패러디했다'라는 사실만으로도 국내는 물론 해외 광고계에서도 거의 최초의 일로 기록되어 큰 화제가 되었다. 신화나 전설, 명작 소설이나 그림, 영화 등 분야가 다른 작품을 패러디하는 일은 간혹 있었지만, CF가 동종업계, 그것도 동시대의 작품을 패러디한다는 것은 대단한 발상의 전환과 용기를 필요로 한 것임이 틀림없었다. 이에 광고인, 소비자 모두 놀라고 재미있어 했는데, 이 놀라움과 흥미는 곧 최고의 성과로 이어졌다. CF가 공전의 히트를 치게 된 것이다.

그 여름 한철, 이전 CF를 뒤이을 작품을 만들면서 CD가 꽤 고생을 한 모양이다. CF계의 영웅으로 떠오른 브랜드를 광고하는 데 평범한 아이디어는 찬물을 끼얹는 격이 되니 싹부터 잘렸고, 평소 같았으면 꽤 괜찮게 평가받았을 아이디어도 높아진 기대치 때문에 추풍낙엽처럼 버려지는 날이 계속되었기 때문이다. 급기야 수십 차례의 시안을 제시한 후에도 광고주로부터 OK 사인을 받지 못하고, 데드라인을 맞추느라 거의 매일 새로운 광고 콘티를 제시해야 하는 지경까지 갔다고 한다.

그러던 어느 날, 새벽까지 머리를 맞대고 아이디어를 짜내다가 '에라 모르겠다, 내일 아침에 만나서 정리하자. 우리 중 누구라도 괜찮은 아이디어 하나는 건져 오겠지. 우리 중 누구라도 꿈속에서 신의 계시를 받은 아이디어 하나쯤은 살려 오겠지!'라며 무거운 발걸음으로 해산했단다. 그리고 몇 시간이 지난 아침, 문제의 아이디어는 우연처럼, 자동차 접촉 사고처럼 느닷없이 찾아왔다.

발견이 전부다

다음 날 아침, CD의 뇌는 그동안 너무 시달린 탓인지 쓸데없이 옛날을 추억하기 시작했다. 동전 하나가 굴러온다. 그 동전을 발로 밟고는 짐짓 모른 체하던 어린 날의 한 장면을 떠올린 CD. 실제로 출근길에 굴러가는 동전을 보아서도 아니고, 추억 속에 등장하는 동전 주인을 우연히 만나서도 아니었다. 추억은 일종의 프리패스 같은 것이어서 제 맘대로 주인의 머릿속을 들락거리는 재주가 있으니, 그날도 그냥 그랬을 뿐이었다. 하지만 이 난데없는 추억의 한 장면이 그에게는 구세주였다. 동전의 추억을 절묘하게 각색하면 재미있는 광고가 될 수 있겠다는 '이상한' 느낌이 온 것이다.

전문용어로 '용기 인스턴트 라면'이자 통상 우리가 '사발면'이라 부르는 제품의 광고 아이디어를 필사적으로 내야 했던 그날의 그는, 전혀 상관이 없을 것 같은 두 요소를 급한 김에 철썩 붙여 본다. '동전의 추억'과 '왕뚜껑'을 말이다. 거기에 더해 그 순간 우연히 떠오른 옛 노래. 1974년 영화 〈별들의 고향〉의 주제가로 쓰였던 윤시내의 〈난 열아홉 살이에요〉라는 음악도 철썩 붙여 버렸다.

난 그런 거 몰라요. 아무것도 몰라요.
왠지 겁이 나네요. 그런 말 하지 말아요.
난 정말 몰라요. 들어 보긴 했어요.
가슴이 떨려오네요. 그런 말 하지 말아요.

난 지금 어려요. 열아홉 살인걸요.

화장도 할 줄 몰라요. 사랑이란 처음이어요.

_〈난 열아홉 살이에요〉(윤시내 노래, 이장희 작사·작곡) 중에서

'용기 인스턴트 라면'과는 무엇으로도 관련이 없고, '동전 밟아 숨기기'와도 전체 가사 내용으로는 전혀 상관없는 〈난 열아홉 살이에요〉가 그 순간 또 왜 생각났는지도 역시 모를 일이다. 단지 '난 그런 거 몰라요'라는 첫 소절 가사가 동전 숨기기라는 시치미 떼기와 연관돼 생각난 것 같다는 게 그의 해석이었다.

아무튼, 이 말도 안 되는 요소들의 조합은 콘티로 만들어졌고, 예상 밖으로 광고주의 '간택'을 받게 된다. 바람결에 실려 오는 전설에 따르면 광고주 내부에서도 반대와 우려의 목소리가 높았다고 한다. 광고 대행사의 '이상한' 콘티를 결재에 올리고 나서 결국 그 광고를 수용한 결정권자들의 마음에도 뭔가 알지 못할 힘이 작용했음에 틀림없다. 그렇지 않다면 이성적으로 도저히 이해할 수 없는 그 같은 CF를 OK할 수는 없는 노릇이기 때문이다.

길을 가다가 바닥에 떨어진 용기 인스턴트 라면을 발견하는 소녀. 너무나도 먹고 싶은 마음에 주위를 의식하며 갈등하기 시작한다. 이윽고 주인인 듯한 동네 아저씨가 무슨 대단한 보물이라도 잃

발견이 전부다

어버린 양 어쩔 줄 모르며 등장한다. 다급해진 소녀는 아무 대책도 없이 용기 인스턴트 라면 위에 주저앉는다. 소녀를 의심하며 주변을 서성이는 동네 아저씨. 그러나 치마를 들춰 보라고 할 수는 없는 노릇. 소녀 또한 길 한가운데 엉거주춤 주저앉아서 일어설 수도, 도망칠 수도 없는 상태에 빠진다. 이때 흐르는 BGM.

'난 그런 거 몰라요~ 아무것도 몰라요~'

의심 가는 구석은 있지만 포기해 버리는 동네 아저씨. 이때 설상가상 길 저쪽에서 차가 한 대 다가오고, 소녀에게 피하라 손짓하는 아저씨와 그럼에도 일어설 수 없는 소녀. 아……, 슬프고도 기상천외한 상황을 그린 그 광고는 이런 모습으로 세상에 공개된다. 그토록 벽이 되었던 전작 〈패러디 편〉의 슬로건 "It's delicious"를 자랑스럽게 이어받으면서…….

어떤 사연으로 저런 광고가 탄생했는지 세상은 몰랐을 것이다. 하지만 이 기막힌 상황 설정과 배우들의 능청스러운 연기, 그리고 아련한 배경음악에 소비자는 환호했다.

광고인 또한 예외는 아니었다. '제품을 치마 속에? 게다가 식품 회사가 광고하면서 자기네 제품을 치마 속에?' 감히 상상할 수도 없는 광고가 탄생했다는 점에서 그들은 수년이 흐른 지금까지도 고개를 절레절레 흔든다. 늘 광고주의 제품을 신성시하며 먼지라도 앉을 세라 받들어 모셔야 하는 광고인들이니 '어떻게 저런 안을 광고주가 OK했지?'라며 광고계 7대 불가사의쯤으로 생각하는 것도, '대한민국 광고사에 저런 광고는 다시 나오기 힘들 것'이라며 놀라워하는 것도 충분히 이해할 수 있는 노릇이다.

술자리에서 그 무용담을 귀동냥해 들으며 나는 생각한다. 남자의 출신 행성이라는 화성도, 여자의 출신 행성이라는 금성도, 그리고 다른 여러 행성도 가끔은 한 줄로 설 때가 있다고. 도저히 융합할 것 같지 않은 요소들도 가끔은 호흡을 맞추고 보조를 맞추며 큰일을 낸다고. 그런 '우연'들이 몇 개월간의 쉼 없는 노력과 수십 명이 혼신을 다해 짜내는 염원과 하늘이 주시는 행운이 합해져 '필연'이 되어 우리 앞에 나타난다고. 그렇게 역사를 바꾸는 사건들이, 우리네 인생살이의 변곡점들이 생겨나는 것이라고.

이런 거창한 결론을 내보는 건, 그렇게 생각하는 편이 또다시 저런 히트작들의 후속편을 만들어야 하는 오늘의 광고인들에게 속이라도 편한 해석이 되지 않을까 싶어서다.

사랑에 머뭇거리거나 사랑을 멈춘,
혹은 사랑을 막 시작하려는
세상 모든 이들을 위한 초대

광고명 | DSLR은 무겁다?(2010)
브랜드 | Cannon EOS 60D
광고주 | Cannon
국 가 | Korea

모든 카메라는
사랑의 도구

"여자만 따라다닌 게 아니라니까."

'스토커 아니냐?'라는 문제 제기에 녀석은 이렇게 대답했다. 복학해서 대학에 다닐 때, 남달리 친해져 함께 몰려다니던 녀석은 취미가 사람 관찰이라고 했다. 고등학교 때부터 길 가다가 우연히 어떤 사람이 눈에 들어오면, 원래 계획은 다 미루고 그 사람을 한 시간이고 두 시간이고 쫓아다닌다는 것이다. 그 사람이 차를 타면 따라 타고, 커피숍이나 레스토랑에 들어가면 따라 들어가고.

"스토커 맞네. 왜 그런 거야?"

"그냥. 사람 관찰하는 게 재미있어서."

그 사람에게 말을 걸거나 사귀기 위한 것도 아니고 '그냥' 사람을 바라보는 게 좋았다는 얘기였다. 녀석에게 쓸 만한 카메라 한 대쯤 있었으면 그 '사람 관찰'이라는 취미가 뭔가 다른 창의적인 일로 연결될 수도 있었을 것 같다는 생각이 든 것은, 각자 바쁘게 사느라 연락이 뜸해진 후 가끔 녀석을 추억할 때쯤이었다.

광고계에 입문하고 몇 년 지나지 않을 무렵, 직장 선배 하나가 프로파일링profiling의 중요성을 설명해 주면서 출퇴근 시간을 딴생각하는 데 허비하지 말고 누군가를 하나 찍어서 잘 관찰해 보라는 팁을 줬다.

"먼저 구두를 보는 거야. 그리고 상상해 봐. 저런 모양이나 색깔, 청결도를 가진 구두, 그리고 저런 양말을 신는 사람은 나이가 얼마나 될까? 어떤 표정을 한 사람일까? 어느 브랜드 가방을 들었을까? 시계는 찼을까 안 찼을까? 그리고 천천히 고개를 들어서 너의 예상과 실제 그 사람의 얼굴과 차림이 맞는지 확인해 보는 거야."

그렇게 해서 동시대를 살고 있는 사람 혹은 소비자를 파악하고, 그들의 세세한 부분까지 눈에 담아 두라는 것이었다. 내가 내 주관대로 그리고 마음대로 상상한 사람이 아니라, 스스로 스타일을 만들고 스스로 자기를 세워 나가는 사람에서부터 출발하고 기본으로 삼아야 제대로 된 광고를 만들 수 있다는 얘기였다.

발견이 전부다

나는 필름 카메라의 끝물을 잠깐 맛보고 요즘은 그 흔하다는 DSLR로 갈아타지 못한, 카메라 마니아들이 보면 빙하기를 못 넘기고 도태된 매머드다. 촬영 후에도 이미지를 복제하거나 수정할 수 있는 디지털 카메라와는 달리, 한 번은 오직 '단 한 번'이던 필름 카메라. 나는 그중에서도 명기에 속한다는 니콘 F3를 가지고 수년간 바라보기의 맛에 심취했던 사람이다.

F3를 메고 다니면서 가장 좋았던 점은 피사체를 온전히 바라볼 수 있다는 즐거움이었다. 아마 지금도 그러하겠지만, 관심 있는 대상을 두고 '나 당신을 찍으려고 한다'고 노골적으로 드러내는 행위는 사진 촬영 말고는 없을 것이다. 초상화를 그리는 화가를 빼고는 일반인으로서 그럴 기회란 거의 없다.

그러나 사진기를 들고 있으면 평소보다 더 오래, 더 깊게 상대방에게 시선을 줄 수 있다. 생면부지의 사람을 코앞에서 촬영하는 경우가 아니라면, 이 특권이 주는 즐거움은 꽤 특별하다. 가족과 친구들, 선후배 등……. 그들의 생명력이 발산하는 빛을 찍으면서, 나는 관심을 표명하고, 사랑할 수 있었다.

DSLR은 무겁다?
무거우신가요?
이들을 안을 때

우리는 무겁다 말하지 않습니다.

사랑하니까요.

사랑하는 이들을

가장 아름답게 담아 주는 감동의 무게에 비하면

DSLR은 무겁지 않습니다.

무겁다 〈 무겁지 않다 〈 EOS 60D

캐논

　마케팅 분석에서 DSLR 카메라의 구매를 막는 요인으로 '무게'가 떠오른 모양이다. 앞의 광고에서는 그 문제를 DSLR 카메라의 무게와 '감동의 무게'를 견주는 것으로 해결하고 있다. 애완견을 저울에 달아 보는 모습, 큼직한 명품 가방을 어깨에 걸치는 여자, 커다란 구스타프 클림트의 화집을 안고 기뻐하는 여자, 그리고 아들을 번쩍 안아 올리는 여자의 모습들을 차례로 보여 주며 내레이션이 흐른다. 사랑하는 것들을 안을 때, 우리는 무겁다 말하지 않는다고. 사랑하는 이들을 가장 아름답게 담는 감동을 생각한다면, DSLR은 결코 무겁지 않다고. 마케팅 전략이 빤히 보이는 카피요 구성이지만, 따뜻한 미소로 절로 고개를 끄덕이게 만든다.

　사랑하는 이들의 놓칠 수 없는 순간순간에 주목할 수 있었던 즐거움. 그들의 표정, 머리카락과 옷깃을 담을 수 있었던 기쁨은 내가

　　　　　　　　　　　　　　　　　　발견이 전부다

젊은 날 무거운 필름 카메라를 들고 다니며 누렸던 즐거움의 핵심이었고 앞의 광고 메시지와 같았다. 멀리서 혹은 가까이에서 당신을 바라볼 수 있는 즐거움. 무거운 카메라를 결코 무겁다 느끼지 않으며 당신을 알아 가는 즐거움. 그 즐거움은 쉽게 다른 것과 바꿀 수 없을 만큼 큰 것이었다.

나는 그렇게 젊은 날, 젊은 벗들을 사랑했다. 서로의 몸짓을, 서로의 표정을, 서로의 세월을 크고 작은 카메라로 잡아내며 오래도록 가슴에 걸어 두는 세상 모든 이들과 마찬가지로.

그렇다. 세상의 모든 카메라는 사랑하기 위한 도구다.

아이들을 봐도 그렇다. 엄마 아빠의 휴대전화 카메라로 녀석들이 하는 행동을 바라보면 사진 찍기가 대상에 대한 '사랑'임을 더욱 잘 알겠다. 좋아하는 장난감을 마룻바닥에 놓고 앞면, 옆면, 뒷면 그리고 뒤집어서 여러 차례 찍어 놓은 것을 보고 있으면 장난감을 바라보는 녀석들의 애정 어린 시선을 느낄 수 있다.

카메라 광고는 그러므로 사랑에 머뭇거리거나 사랑을 멈춘, 혹은 사랑을 막 시작하려는 세상 모든 이들을 위한 초대다. 사랑하고, 바라보고, 담으라는……. 그리하여 세상의 모든 카메라 광고는 사랑 광고다.

할리우드가 읽기 전에 먼저 읽으세요!

브랜드 | National Library(2005)
광고주 | Association of Librarians of the Czech Republic
국 가 | Czech Republic

원작
먼저

나는 보통 사람이고, 취향도 세속적인 편이라 할리우드 영화를 거부하지 않는다. 거부하기는커녕 환영하는 편이다. '관객 동원 3위 안에 오른 영화만 보는 속물'이라고 나의 영화 관람 취향을 깎아내려도 섭섭하지 않다. 할리우드란 곳이 관객의 취향을 귀신같이 알아내서, 한 번 보기에도 좋을 뿐 아니라 재탕 삼탕을 보기에도 좋을 정도로 영화를 만드는 곳이 아닌가. '남들 다 보는 영화를 보는 게 취미'인 나야말로 할리우드형 인간이다.

그에 비해 프랑스나 이탈리아 영화는 소설로 치면 재미로 읽는다기보다 시험 보기 위해 지문을 읽는 듯한 느낌일 정도로 익숙지가 않다. 내가 너무 속물이고 얕다는 증거일지도 모른다.

영화 보는 것만 그런가? 독서 습관도 마찬가지다. 남들 책상에 놓여 있는 책이 곧 내 책상에 놓일 책이라 보면 딱 맞다. 인터넷 서점을 방문해 베스트셀러를 누르면 1위부터 100위까지 나열되는 책들. 순위가 높은 책부터 사 보는 것이다. 1년 내내 국내 작가들의 단편들을 흘낏도 안 하다가 제○○회 ○○문학상 수상 작품집이 출간되면 그제야 뒤늦게 '작품집'을 사서 보는 수준이다. 신문에 광고하는 책들도 내 장서 목록의 주요한 대상인데, 책 광고 카피들이 어찌나 구매욕과 지식욕을 자극하는지…… 나 원 참!

할리우드형 인간이자 베스트셀러형 인간으로 맘 편히 살고 있던 내가 소설과 영화 사이의 그랜드캐니언 같은 격차를 발견한 것은 《반지의 제왕》 때문이었다. J. R. R. 톨킨의 판타지 소설 《반지의 제왕》이 영화화되어 곧 국내에서도 개봉된다는 소식이 전해졌을 때, 나는 전에 없이 마음이 다급해졌다.

'원작을 먼저 읽어야 해!'

내 안의 수많은 입이 그렇게 외치기 시작했다. 짐작건대 톨킨의 말 한마디 때문이었던 것 같다. 그는 자신의 작품 《반지의 제왕》을 언급하면서 '절대 영화화될 수 없는 작품'이라고 했다는 것이다. 전 세계의 톨킨 골수팬들도 처음엔 영화화 시도에 회의적이었다는 전언이다. 톨킨을 '판타지 소설의 아버지'라고 부르는 이유는 듣도 보도 못한, 즉 인간 세상과 신의 세상 그 중간쯤 되는 기묘한 세계를 창조했기 때문인데, 그건 오직 상상과 글로써만 겨우 표현할 수 있는 세계라는 것이다.

물론 우려와는 달리 무한 상상의 중간계는 마침내 첨단 컴퓨터 그래픽의 힘을 빌려 꽤 성공적으로 시각화되었으며, 저자의 호언과 팬들의 우려를 불식시킬 정도로 훌륭한 영화로 재탄생했다는 것이 대부분 영화 프리뷰 기사의 결론이었다. 이런 언론의 설레발과 배급사의 홍보 전략에 제대로 걸려든 나는 난데없이 '원작 사수'라는 감정에 휩싸여 여섯 권짜리 세트를 주문하고야 말았다.

이 느닷없는 욕망에 충실히 따라 책을 주문하고 일주일 동안 집중 독서 기간을 보냈다. 뒤이어 영화판 〈반지의 제왕〉이 박스오피스 순위에 오르고 1, 2, 3편을 빼먹지 않고 관람한 결과, 소설이 영화보다 상상의 여백이라는 면에서 한참 위라는 깨달음을 뒤늦게 얻게 되었다. 누가 가르쳐 줘서 머리로 알아듣는 '원작의 감동'과는 차원이 다른 '체험형 깨달음'이었던 셈이다.

《반지의 제왕》은 나에게 불과 수십 개의 알파벳 혹은 자음과 모음의 조합이 만들어 내는 세계가 스크린에 구현된 세계보다 크다는 사실을 여실히 깨닫게 만든 계기가 되었다. 두 가지 버전의 반지의 제왕을 경험한 나는 가슴에 손을 얹고 "소설로 본 반지의 제왕이 영화로 본 것보다 딱 10배쯤 재미있다"라고 말할 수 있게 됐다.

《반지의 제왕》이라는 모범적인 사례가 도움을 주었다면 앞쪽의 '원작을 읽읍시다' 광고는 "흠…… 할리우드가 원작에 뭔가 몹쓸 짓을 한다는 소리군. 원작을 읽는 편이 낫겠어"라는 반응을 유도하는 재치 있는 고발이다.

Read it before Hollywood does
할리우드가 읽기 전에 먼저 읽어라

체코 도서관원협회는, 혹시 다른 책의 표지 그림이 인쇄된 것이 아닌가 싶은 어니스트 헤밍웨이의 《노인과 바다》에 위와 같은 카피를 적은 책갈피를 꽂아 놓았다. 거기에는 '할리우드를 통해 읽게 되기 전에 먼저 원작을 읽어라'라고 쓰여 있다. 할리우드의 만행, 혹은 할리우드의 요리가 시작되기 전에 원작을 읽으라는 호소다.

"저기요, 할리우드가 손대면 어떻게 되는 줄 아세요? 헤밍웨이의 《노인과 바다》에도 본드걸이 나올지 모른답니다. 늘씬한 8등신 미녀들이 노인의 영웅담에 탄성을 지르며 독한 양주를 따라 주고 안주를 입에 넣어 주는 상황이 발생할 수도 있다니까요. 그러니 이 어처구니없는 〈007 노인과 바다〉편이 나오기 전에 원작을 먼저 읽으세요"라는 말이다. 같은 시리즈로 만들어진 《제인 에어》편도 블록버스터로 심하게 변질된 책 표지를 보여 주고 있다.

발견이 전부다

사실 종이에 인쇄된 원작만을 '우선 감상 대상'으로 고수하기에는 힘든 시대로 건너왔다. 책은 더 이상 유일한 미디어도, 메인으로 군림하는 미디어도 아니다. 한 예로, 조선의 왕들과 백성을 교과서 외에 활자로 만나는 일은 매우 드물다. 오히려 TV 드라마로 만나는 경우가 잦다. 이순신 역할을 했던 배우는 그다음 드라마의 새로운 이순신 배우로 대체될 때까지 역사 속 이순신을 대신한다.

우리는 '경제'나 '발전'을 강요하는 보이지 않는 손 때문인지 일상 속에서 무언가 읽을 시간도 부족한 편이다. 모든 원작을 차분하게 감상하려면 먼저 과속 일변도인 세상의 시계부터 늦춰야 할지 모른다.

그러나 생각의 깊이를 도저히 가늠할 수 없는 위대한 영혼들의 작품에 딱 두 시간밖에 할애할 수 없는, 책보다 상대적으로 싼 가격으로 봐야 할 불가항력의 처지가 아니라면, 원작을 꼭 읽어 보라고 권하고 싶다. 영화 프리뷰에 자극을 받든, 애인에게 잘 보이기 위해서든, 지식인인 척하기 위해서든 어떤 이유든 끌어다 갈증을 만들고 원작을 일단 읽어 보라고 권하고 싶다. 속도 빠른 세상과의 투쟁이라는 부가적인 비용이 들더라도 꽤 값어치 있고 흥미진진한 일이기 때문이다. 못해도 딱 열 배쯤?

세상의 모든 것들이여,
시금치가 제 맛을 잃으면 안 되듯
제 모습 그대로 있어 주기를!

광고명 | Spinach(2004)
광고주 | Meijer
국 가 | U. S. A.

나는 시금치가
싫어요

시금치에 대해서라면, 나는 중립적인 입장이다. 시금치를 딱히 찾아 먹는 편도 아니고, 그렇다고 시금치를 무슨 상종하지 못할 음식처럼 찡그리며 쳐다보는 것도 아니다. 그러나 순전히 학구적인 측면에서 얘기하자면, 어쩌면 시금치는 신이 인간용으로 창조하신 음식이 아닐지도 모른다는 생각이 든다. 이를테면 '토끼나 기린, 소 같은 동물들을 위한 음식은 아니었을까? 그런데 인간이 깜빡 착각해서 자신의 식단에 포함해 버린 비운의 음식이 아닐까?'라는 의문이 드는 것이다. 이런 생각을 하게 된 이유는 한 유통 회사의 광고에서 그 실마리를 찾을 수 있다.

식탁에 여자아이가 앉아 있다. 할아버지뻘 되는 남자가 음식을 준비한다. 그러고는 외국영화 예고편에 나오는 성우처럼 낮게 깔린 목소리로 말한다.

"내셔널 브랜드 시금치를 먹어 보아라!"

포크로 시금치를 찍을 때부터 아이는 인상을 찌푸린다.

"이게 그 유명한 시금치군요. 나도 알아요. 시금치를 모르면 아이라고 할 수 없죠. 그러니까 입에 대기도 전에 찡그린다고 뭐라 하진 마세요"라고 말하는 듯하다. 그리고 맛을 본 후 원망스러운 듯 할아버지를 바라보며 토해 내는 짧은 신음.

"으……."

"이번엔 마이어 브랜드 시금치를 먹어 보아라!"

할아버지가 접시를 바꿔 준다. 크게 기대하는 것 같진 않지만 그래도 조금은 덜 찡그린 표정으로 아이가 맛을 본다.

"이게 그 유명한 시금치로군요. 나도 알아요. 시금치를 모르면 지구에 사는 아이라고 할 수 없죠. 하지만 다른 회사 제품이라니 아주 조금이라도 나은 건 있겠죠?"

시금치를 먹은 아이가 다시 찡그린다. 할아버지 쪽을 보며 똑같이 괴로운 신음을 내뱉는다.

"으…… 뭐죠? 이건 아까 그 시금치랑 똑같잖아요. 형편없는 오리지널 시금치 맛 그대로예요!"

차마 뱉지는 못하겠고, 시금치를 마저 씹으며 울상인 아이는 괴로운지 몸을 이리저리 비틀기까지 한다. 맛보고 찡그리고, 다시 맛보고 찡그리는 아이의 임무가 끝나면 비로소 회사의 목소리가 나온다.

"당연하지, 시금치 품질은 똑같거든. 단지 다른 건, 좀 더 싼 가격뿐이란다."

The only difference you'll notice is the price
다른 건 오직 저렴한 가격뿐입니다

시금치에 대한 통찰이라는 측면에서 이 광고는 뽀빠이보다 한 수 위다. 뽀빠이가(비록 시금치의 맛까지 미화한 것은 아니지만) 몸이 튼튼해진다는 것을 강조하며 아이들이 시금치를 더 많이 먹도록 강요했다면, 이 광고는 '원래 그런 맛인' 시금치를 과장하거나 왜곡하지 않는다. 이미 수많은 엄마가 시도하고 결과적으로 실패한 교훈을 잊지 않은 것이다.

시금치를 억지로 먹일 필요가 있는가? 어른이 되면 알아서 먹을 것이다. 지금은 시금치를 공공의 적으로 삼아 웃음을 선사하고, 그 웃음으로 빗장이 살짝 풀린 소비자의 마음속으로 값이 싸다는 핵심적인 메시지를 전달하면 되는 것 아닌가?

'내가 어린 시절 그렇게도 먹기 싫어하던 시금치, 그리고 지금의

내 아이들도 그렇게 먹기 싫어하는 시금치. 그래……. 시금치는 우리에게 그런 존재지.'

이런 공감대가 자연스럽게 생겨나리라는 것을 생각하면 '품질은 같지만 가격은 싸다'라는 광고 메시지가 화기애애한 분위기에서 받아들여지리라는 것도 쉽게 짐작할 수 있다.

좋은 광고는 공감을 부르는 광고다. 그리고 공감이란 억지로 만들어지는 게 아니라 너와 나의 마음속에서 '발견'되는 것이다. 그리고 이 발견은, 마냥 행복하거나 정의롭거나 달콤하지 않을 수도 있다. 아프고 못되고 쓴 것들이 우리의 솔직한 모습이라면 그것을 긍정하는 것이 소통의 시작이 되는 것이다.

특히 이 광고는 공감을 얻어 내는 방법의 창의성도 마음에 들지만, 시금치가 시금치다워야 값을 따져 볼 수 있다는 의미가 숨어 있어서 더욱 마음에 든다. 만약 싸다는 것을 지상 목표로 삼고 본질을 내팽개쳤다면 아무런 매력이 없는 제품일 것이다. 싼 제품을 사는 넉넉지 못한 소비자들이 바라는 것은 과대포장이나 깨끗하게 다듬어 놓은 제품에서 얻을 수 있는 편리함은 아니다. 그들은 먹을 것을 원하며, '제 맛'을 내는 먹을거리를 원한다.

세 살 때부터 요즘 아이들답지 않게 김치를 잘 먹은 아들 시우.

물에 행군 김치에서 업그레이드되어 어른들이 먹는 본래의 김치를 즐기던 시우가 갑자기 김치를 잘 먹지 않게 되었다. 식성이 그새 변해 김치를 잘 먹지 않는 것이다. 걱정하면서 물어 본 결과, 그 대답이 걸작이었다.

"김치 맛 김치가 아니라서 안 먹는 거야."

그 대답은 이런 생각을 담고 있는 건 아닐까.

'김치가 맛이 없어서 그렇지 내가 왜 김치를 싫어해? 이번에 할머니 댁에서 얻어 온 김치는 평소와 달리 맛이 좀 덜해서 잠시 젓가락을 안 대는 것뿐이야. 김치가 제 맛을 잃으면 어떻게 김치라 하겠어? 제 맛이 아닌 김치를 먹이면서 김치를 안 먹는다고 걱정하는 부모여, 그대들은 도대체 무슨 생각을 하는 거야?'

우리가 어찌 해볼 생각은 안 하고 '어서 빨리 김치를 다시 담그시라 해야겠다'로 좀 깍쟁이 같은 결론을 내기는 했지만, 아들의 식성에 대해서 더는 걱정하지 않게 된 사건이었다.

원래 타고나길 쓴 것도 있고 단 것도 있다. 소금이 짠맛을 잃으면 안 되듯 무릇 타고난 것들은 본성을 잃지 말아야 하리라. 그럴 때 자기 값이 나오고, 그럴 때부터 남들도 셈을 쳐주는 것이다. 쓰게 태어난 것이 단것을 흉내 내면 이상한 것이 되고 만다. 또한 언젠가는 먹게 될 것을 먹고, 언젠가는 해야 할 것을 하는 것이 바로 성장 과정이다. 어른들은 좀 더 일찍, 좀 더 많이 해주기 위해 안달복달하지만, 신이 정한 시간이 되면 아이들은 알아서 한다.

시금치여, 세상의 아이들이 아직은 너를 흔쾌한 낯으로 받아먹지 못하더라도 너는 너의 본성을 지켜 주려무나. 그리고 세상의 모든 것들이여, 소금이 짠맛을 잃으면 안 되듯, 시금치가 제 맛을 잃으면 안 되듯, 제 맛 그대로 제 모양 그대로 존재해 주기를!

발견이 전부다

소박하게 자기 이름을 내건 저 간판들은
세상의 거친 바람 앞에 세운
희망의 깃발일 것이다

광고명 | 당신이 행복입니다 – 어머니 편(2009)
브랜드 | SK
광고주 | (주)SK
국 가 | Korea

작은 돛단배들이
행복의 언덕에 닿기를

일을 하면서 시를 쓰지 않겠노라고, 소설을 쓰지 않겠노라고 다짐 하곤 했다. 그건 카피라이터의 자세가 아니라 믿었기 때문이다. 대한민국에 태어나 말과 글을 가공하는 것이 생업이 되었으나, 쓸데없는 미사여구를 붙이거나 제품과 상관없이 자기 멋에 취해서 '문학하고' 있을 때 어김없이 날아오는 건 "넌 작가가 아니라 카피라이터야!"라는 선배 카피라이터들의 꾸중이었다. 광고주 중에는 가끔 이런 험한 소리를 하는 이들도 있었다.

"누가 우리 회사 돈으로 예술 하라 했어요?"

카피를 쓸 때는 그저 어찌 하면 판매에 도움이 되고 브랜드에 도움이 될지를 생각해야 한다는 것이었다.

세상의 모든 가르침은 달을 가리키는 손가락에만 머물거나 아니면 달을 지나 화성이나 목성으로 곡해되는 법. '늘 브랜드를 생각하고 통찰력 있는 카피를 쓰라'는 가르침은 풋내기 카피라이터의 머릿속에서 길을 잃었고, 나는 마케팅 보고서에나 등장할 법한 건조하고 감동 없는 카피를 쓰는 오류에 빠지곤 했다.

돌이켜보면 근본적인 문제는 제대로 된 시를 쓰지 못했기 때문이고, 제대로 된 소설을 쓰지 못했기 때문이었다. 감동을 준 광고의 카피들은 모두 시 아닌 것이 없고, 성공하는 광고 캠페인들은 소설 아닌 것이 없지 않은가? 아직 무르익지 않은 내공을 탓해야지 애먼 '문학'을 탓할 일은 아니었다. 광고가 결국 만나야 할 대상인 '사람'을 향하지 못하고, 자음과 모음의 낱글자들에 머물러 식어 버린 말들의 블록 쌓기만을 하고 있던 나 자신이 문제였던 것이다.

시인 윤제림의 〈재춘이 엄마〉라는 시만 해도 CF에 인용되어 엄마 혹은 어머니를 다시 생각해 보게 하는 훈훈한 작품이 되지 않았는가? 시이거나 소설이거나 그런 것이 중요했던 게 아니라 얼마나 '사람'에 가까이 다가서느냐가 문제였다. 시는 '문학 하는' 카피가 아니라 '감동을 주는' 카피로 승화되었고, 다음과 같은 훈훈한 CF가 되었다.

재춘이 엄마가

이 바닷가에 조개구이집을 낼 때,

생각이 모자라서

그보다 더 멋진 이름이 없어서

그냥 '재춘이네'라는

간판을 단 것은 아니다.

자식의 이름으로 사는 게

그게 엄마 행복인 거다.

어머니, 당신이 행복입니다.

OK! SK!

진실을 외면하지 않고, 미처 발견하지 못한 일상의 아름다움을 보여 주고, 생활인의 마음 가까이에 서서 그 마음을 잘 그려 내는 것만으로도 훌륭한 광고가 될 수 있다는 것을 일깨우는 작품이었다. 카피를 쓴답시고 순박한 삶 위에, 진솔한 사실 위에 오만한 언어를 바벨탑처럼 쌓아 올리는 것은 정도正道가 될 수도, 성공한 광고 캠페인이 될 수도 없다는 것을 일깨우는 광고였다. 작고 낮은 목소리가 작고 낮은 우리네 인생을 더 잘 보여 준다는 조용한 웅변이었다.

광고를 곱씹으면서, 나는 동료 광고인으로서 자연스레 솟아나는 부러움과 시샘을 뒤로하고 새삼 '이름'에 대한 상념에 빠져 본다. 우리의 어머니들이 순욱이 엄마, 순재 엄마, 승원이 엄마, 재완이 엄마로 살고 있음을 기억하는 것이다. 선대 엄마와 경환이 엄마가 언제 선대를 떠나고 경환이를 떠나서 당신 이름을 걸고 사셨던가? 엄마가 된 후로 그녀들은 자신의 이름을 잊고 그저 자식들의 이름이 만드는 그늘 속에 계신다. 어머니들의 인생과 또 우리 개개인이 가진 이름들이 애틋해진다.

상념은 또다시 우리 동네에 걸린 낮은 간판들을 배회하기 시작한다. 어디 자식의 이름뿐이겠는가? 자신의 이름일 수도, 아내의 이름일 수도, 어머니의 이름일 수도 있을 것이다. 소박하게 자신의 이름을 내건 저 간판들은 세상의 거친 바람 앞에 세운 깃발일 것이다. 의지할 데도 딱히 없어 '자기 자신'이라는 최소 단위의 인간 존재에 기대어, 소소한 일상들이 자아내는 사소한 인생에 기대어 세운 깃발일 것이다. 세상엔 그처럼 소박한 간판들이 깃발처럼 솟아올라, 작고 낮은 이들의 희망을 펄럭이고 있다.

가게를 꾸려 가는 분들만 자신들의 이름을 깃발로 삼아 사는 것은 아니다. 사실 우리 모두는 인생을 경영하는 자영업자들로서 자신의 이름을 깃발 삼아 산다. '하나의 몸짓'에 누군가 꽃이라 이름하던 그 순간과 마찬가지로, 우리는 모두 탄생의 순간부터 부모로부터 이름을 부여받아 산다. 그리고 그 이름을 시험지와 이력서, 명함에 써넣으면서 그 이름을 부르는 이에게 달려가거나 그 이름으로 욕과 칭

찬을 얻어 들으면서 산다.

　간판 하나 달고 밥벌이에 나선 이 땅의 모든 가게. 그들의 간판에 희망의 바람이 가득 불어 팽팽한 돛으로 부풀어 오르고, 매일 저녁 밥벌이를 완수한 자들에게 허락되는 작은 행복에 닿기를 바란다. 번지수를 가진 가게는 없지만 저마다의 인생을 개업한 우리 모두의 이름들 또한 찬란하게 부푼 돛이기를 바란다. 마지막으로 어머니들이, 이름을 잊고 꿈을 잊은 채 살지라도 자신의 이름보다 몇 배는 더 자랑스러운 끈끈한 가족 간의 유대와 존경 속에 평안하시기를 빈다.

　오늘 밤에도 지붕 위에는 당신의 이름이 조용히 펄럭이고 있다.

더러워진 거……
용서해 주실 거죠, 엄마?
어른스럽지 못했지만
약속할게요
약속해요. 다시 이렇게 할 거라는 걸

광고명 | Sorry Mum (2005)
브랜드 | ala
광고주 | Unilever
국 가 | Argentina

얼룩을 만들며
자란다

"여보, 우리 집 세탁기가 자꾸 좌향좌해요."

바꾼 지 얼마 되지 않았는데 자리가 잘못 잡혔는지 드럼 세탁기가 자꾸 덜컹거리면서 돌아가곤 했다. 그날도 아내는 이런 문자를 보냈고, 나는 저녁 내내 끙끙거리며 세탁기 위치를 바로잡았다.

쌍둥이를 키우면서 천 기저귀를 썼고, 아이들 건강에 조금이라도 해가 될까 봐 한 번 입힌 옷은 그날로 빨곤 했다. 그러다 보니 신혼 때 샀던 세탁기는 제 수명보다 일찍 두 손을 들어 버리고 말았다. 하루 평균 두세 번씩 돌려 댔으니 어지간히 체력 좋은 세탁기도 힘들었을 것이다. 밤낮없이 돌아가는 세탁기에 이웃들도 말은 하지 않았지만 고생스러웠을 것이다. 항의하기에는 약한, 그러나 은근히 스트레스를 주는 진동이 상하좌우 이웃들에게 전해졌을 것이니 뒤늦게 미안한 마음이 든다.

좌향좌를 한 놈은 친척 집에서 새 제품을 받아 두고 안 쓰게 되어서 얻어 왔는데, 녀석도 우리 집에 전입하는 순간부터 고생이었다. 자리까지 잘못 잡혔으니 돌지 않고 배기겠는가? 똥 기저귀 빨던 전임이 녹아웃 되어 나간 자리를, 흙으로 더러워진 유치원생 옷을 빠느라 고역인 후임이 대신하고 있는 것이다. 가끔 눈치를 보며 일하기 싫다고 왼쪽으로 토라지면서.

밤늦게 퇴근해서 집에 도착하면, 집을 지키는 건 야근 중인 세탁기의 윙윙거리는 소리다. 아이들은 꿈나라로 가고, 아내도 아이들 침대 곁이나 소파에서 스르르 잠들어 있고, 녀석만 잔업을 끝내느라 분주하다.

돌아가는 녀석을 보며 오늘도 아이들이 행복하게 뛰어놀았을 것을 생각하니 흐뭇하다. 이 놀이와 저 놀이 사이, 이 웃음과 저 웃음 사이에서, 생애 첫 친구들과의 다툼과 화해 사이에서, 높다란 나무와 놀이기구의 두려움과 자랑스러움 사이에서, 식사시간의 배고픔과 배부름 사이에서 얼룩은 자라났을 것이다. 그리고 지금 세탁기는 아이들이 다시금 새로운 흙과 풀과 나무껍질 같은 것들을 받아들일 준비를 해주고 있는 것이다.

발견이 전부다

미안해요. 엄마.

미안해요. 엄마.

더러워졌어요.

몰랐어요.

제가 무슨 생각을 하다가 그랬는지…….

사람들 목숨을 구하느라 바빴어요.

딸을 먹이느라 그랬어요.

(인형을 가리키며)

맞아요.

당신의 손녀딸 말이에요. 엄마.

히히히.

남을 돕다 보니 그렇게 됐어요.

무서운 줄도 몰랐죠.

이건 스스로 생각하는 법을 배우다 더럽힌 거고요.

이건 이기적이지 않아야 한다는 걸 배우다 더럽힌 거예요.

친구들이랑 사이좋게 지내려다 그랬어요.

이렇게 노는 거, 저한테 도움이 돼요.

남을 돕는 게 좋다는 걸 깨닫게 되거든요.

포기하지 않는 법도 배우고요.

미안해요. 엄마.

더러워지면서 자신감이 커졌어요.

그래서 나중에 누구도 저를 괴롭히게 놔두지 않을 거예요.

엄마도 알고 계시잖아요.

더러워진 거……

용서해 주실 거죠, 엄마?

어른스럽지 못했지만

약속할게요.

약속해요. 다시 이렇게 할 거라는 걸.

더러움은 좋은 것이다. 유니레버 ala

아이들은 저렇게 잘 자라건만, 아빠는 그렇지 못한 게 사실이다. 대도시에서 회사에 다니며 옷을 더럽힐 확률은 거의 제로에 가깝다. 기껏해야 밥 먹을 때 음식을 흘려서 얼룩이 생기거나 일 년에 몇 번 커피를 마시다가 흘리는 정도다. 그마저도 얼른 화장실에 가서 세제 한 방울 묻혀 닦으면 다시 깨끗한 어른인 척할 수 있다. 물론 고기 냄새, 담배 냄새는 좀 풍기고 다닐 수 있다. 그러나 그뿐. 저 아이들이 옷을 더럽히며 무엇을 배우는지 알게 된 이상, 부끄럽고 가소로운 얼룩일 뿐이다. 음식을 먹을 때만 옷을 더럽힌다는 것, 얼마나 슬픈 일인가.

온종일 책상머리에 앉아 컴퓨터 자판을 두드리는 일이다 보니 땀 흘려 뛰어다니던 때가 그립다. 땀구멍을 가진 인간으로서, 어느 정도는 땀을 흘리며 살아야 마땅하지 않을까? 나는 세상 모든 이들이 학자로 살건 사무직으로 살건 주부로 살건 간에 땀을 흘리는 생활이 반드시 병행되어야 한다고 믿는다. 투잡족이 될 수 없다 할지라도 여가시간과 주말엔 반드시 그래야 한다고 믿는다.

그래서 나는 광고 이후의 인생을 도모할 수 있다면, 아니면 광고와 병행한 다른 생활이 가능하다면 몸을 써서 밥벌이할 수 있었으면 하는 꿈을 가지고 있다. 그중엔 가구를 만들거나 집을 짓는 일, 농사를 짓는 일, 요리하는 일 등이 있다. 새로운 직업이든 봉사활동이든 주말의 땀나는 여가 활동이든 얼룩을 멀리하며 살지 않을 것이다.

얼룩을 통해서 더 큰 용기와 지혜, 더불어 사는 행복을 느낄 수 있도록, 나도 "엄마 죄송해요. 하지만……"이라는 말을 늘 하면서 살고 싶다.

3장.

한 줄
커뮤니케이션

제목은 대화다

YES는 추진하고
NO는 창조한다

제목 짓기 노하우 1 - 부정하라

한국대학 경영학부를 졸업한 스물일곱의 청년에게 묻는다. '누구냐 너?' 청년은 대답한다. 나는 '열심히 일하겠습니다'이다. 떡볶이를 파는 가게에 묻는다. 가게는 대답한다. 나는 '흥부네 분식'이다. 반년간 준비한 프로젝트에 묻는다. 프로젝트가 대답한다. 나는 '시장 점유율 1위 탈환을 위한 3개년 계획'이다.

혹시 눈치 채셨는지? 제목의 자리에 있는 말들이 적극적이든 소극적이든 대답의 의미를 담고 있음을? 이렇듯 제목은 무언가를 대표하는 이름이기도 하지만, 일종의 커뮤니케이션 과정이기도 하다.

제목은 '대답'이며, 대답은 멋져야 한다.

당신은 자기소개서를 쓰거나, 인터넷에 글을 올릴 것이다. 보고서의 제목을 붙이기도 하고, 가게의 이름을 붙일 수도 있다. 혹은 큰 뜻을 품고 정치에 입문해서 정치 슬로건을 내걸어야 할 때도 있을 것이다. 이 모든 경우에, 누구도 자신의 생각과 이력과 노력과 비전이 빛도 못 보고 사그라지기를 바라지 않을 것이다. 100대 1이 넘는 취업 경쟁에서 평범한 제목 하나는 당신을 순식간에 무명씨로 만들어 버릴 수 있다. 잘못된 슬로건 때문에 당신은 진보적인 사람이면서 보수적으로 보일 수도, 그 반대일 수도 있다. 혹은 다 잡은 선거를 놓치고 4~5년을 기다려야 할 수도 있다. 획획 업데이트되는 인터넷 사이트에서 당신은 아무런 주목도 받지 못하는 '무플'의 주인공이 될 수 있다. 이렇듯 제목은 당신이 생각하는 것보다 힘이 세며, 때로는 당신 자신보다 힘이 세다.

물에 물 탄 듯, 술에 술 탄 듯

이 속담을 아시는지? 나의 아버지가 어중간한 언행을 경계하는 뜻으로 자주 인용하셨던 속담인데, 어렸을 적에 그 말씀을 들을 때마다 속으로 의아해하곤 했다. 당연히 물에 물을 타야지, 물에 술을 타면 물도 아니고 술도 아니게 되잖아? 나중에야, 나는 물에 물을 타는 것은 결국 기존의 질서에 아무런 변화도 일으키지 못한다는 것을 깨달았다. 무슨 수를 써서든 기존의 질서를 흔들 것! 그것은 '차별화'가 필요한 모든 일에서 일차적으로 고려해야 할 사항이다.

'침대는 가구가 아니다'라는 광고 카피를 기억할 것이다. 가구를 보여 주며 가구가 아니라고 도발했다. 그리고 그 뒤에 이어질 질문에 대한 대답, 즉 '침대는 과학이다'라는 두 번째 대답까지 하나의 광고 안에 배치해 두고 있었다. 이렇게 함으로써 이 침대 회사는 국민과 '말을 섞는 데' 성공했다.

'너는 누구인가?'라는 질문에 '나는 ○○○가 아니다'라고 대답했다면, 그것은 완결된 대답이 아니다. 그것은 더 할 말이 남아 있음을 뜻하고, 질문자는 아직 더 들을 답변이 남아 있다고 느끼게 된다. 제목을 읽는 사람 입장에선 '그렇다면 무엇인가?'라는 궁금증이 일어 추가로 질문해야 할 필요성이 생기고, 제목을 쓴 사람 입장에선 '그것이 아니고 이것'이라고 또 한 번 대답해야 할 책임이 생기는 것이다. 질문하고 대답하는 과정이 한 번 더 이루어지면 커뮤니케이션의 단계로 진화가 이루어진다. 수백 수천의 경쟁자들을 물리치고, 이 문장은 상대와 대화 채널을 튼 것이다.

이미 그곳에 물이 있다면 술을 탈 것. 이미 그곳에 술이 있다면 물을 탈 것. 부정否定으로 상대를 도발하라.

화학 회사에 들어가기 위해 자기소개서를 쓰고 있는가? 그렇다면 '○○화학은 화학 회사가 아닙니다' 혹은 '저는 화학 회사에 들어가기 위해 지원하는 것이 아닙니다'라고 제목을 붙여 보라. 이 제목은 지원자와 딱 한 마디씩만 주고받을 여유밖에 없는 서류 심사관을 자극해 더 많은 질문을 이끌어 내고 당신에게 더 집중하게 만들어 준다. 물론 그런 제목을 붙이는 당신 스스로는 보다 창의적인 각도에서 자신이 그 회사에 지원하게 된 계기, 각오, 혹은 회사의 미래까지 생각해 보아야 할 것이다.

첫째가 꼴찌 되고,
꼴찌가 첫째 되리라

제목 짓기 노하우 2 – 도치하라

2008년 1월 4일 첫 회가 방송된 KBS의 주말 대하드라마의 제목은 놀랍게도 '대왕세종'이었다. 얼핏 보면 평범해 보이는 이 제목이 놀라웠던 이유는 500년 동안 바위처럼 단단하게 굳어져 한덩어리처럼 생각되던 '세종대왕'이 사실은 '세종'과 '대왕'으로 나뉠 수있음을, 심지어 서로 순서가 뒤바뀔 수도 있음을 알려 주었기 때문이다.

게다가 한 글자도 고치지 않은 상태에서 낱말의 순서만 바꾼 제목이 어찌 그리 새롭고, 매력적이고, 힘이 있고, 묘한 설렘을 던져 주

발견이 전부다

던지! 이것은 도치倒置법이라는 단순하기 그지없는 수사법의 재발견이었다. 적절하게 쓰기만 한다면 도치법 하나만으로도 얼마나 창조적인 제목을 지을 수 있는지 보여 주는 모델이었다. 제목의 신선함은 기존 사극과는 다른 스타일의 사극을 즐길 수 있을 것이라는 기대를 이끌어 냈고, 첫 방송에서 20.1%라는 매우 높은 시청률을 기록했다.

도치법은 초등학교 6학년 때 배우는 수사법이다. 21개의 국어 표현법 가운데 문장의 구조를 물리적으로 뒤바꾸는 것이어서 눈에 보이는 차이가 확연하고, 그래서 이해하기도 참 쉬운 수사법이다. 대유, 역설, 은유법 등은 도치법에 비하면 상대적으로 어렵게 느껴진다.

도치의 효과는 크게 두 가지이다. 안정된 문장 구조를 흔듦으로써 주의력(다른 문장과의 차별화)을 높이는 것이 하나, 강조하고 싶은 말을 앞에 놓음으로써 지름길을 취하는 것(최우선 가치의 선택)이 다른 하나다.

드라마의 제작진이 '제작의도'에서 밝히고 있듯이, 〈대왕세종〉은 진정한 리더십에 대한 고민에서 출발한 드라마다. 그렇기 때문에 세종이라는 한 개인을 앞세우기보다, 리더십을 극명하게 보여 주는 '대왕'이라는 단어를 앞으로 보내는 것이 전략적으로도 유효했던 것이다.

국어 표현법 중에서도 가장 쉬워 보이는 도치법은 막상 쓰려고 보면 그리 쉬운 것만은 아니다. 그것은 문장의 도치 이전에 생각의 도치가 필요하고, '역전의 발상'을 실행에 옮기기 위한 용기가 필요하기 때문이다.

'대왕세종'만 하더라도 뒤의 두 자를 앞으로 보내는 것은 얼핏 종이 위에서 이루어지는 몇 센티미터의 작은 변화처럼 보이지만 실은 500년의 세월을 뛰어넘는 큰 변화이다. 늘 앞이라 생각했던 '세종'이 '대왕'에게 자리를 내어 주는 이 혁신을 보며, 그것이 어쩌면 반상班常의 계급구조를 뒤집는 것만큼이나 어려운 혁명적 변화가 아닌가 싶었다.

성서 구절 중 '첫째가 꼴찌가 되고, 꼴찌가 첫째가 될 것이다'라는 말은 도치법을 그대로 표현한 말이다. 국어 문법의 차원으로 보면 도치법이지만, 계급사회로 보면 혁명의 발상이요, 신앙으로 보면 신의 셈법이 인간의 그것과는 반대라는 가르침이다.

그러니 도치가 쉽다고 누가 감히 말할 것인가.

발견이 전부다

다음 예에서 문장의 변화를 살펴보라.

① 나는 당신을 영원토록 사랑해요. ⇨ 사랑해요. 당신을 영원토록.

② 이사회가 2018년부터 금연자에게 보너스를 지급하기로 결정하였음. ⇨ 보너스 지급 결정! 이사회, 2018년부터 금연자에게.

③ 제가 ○○전자에 지원하게 된 이유는 디지털로 행복한 세상을 만들고 싶다는 꿈 때문입니다. ⇨ 디지털로 행복한 세상을 만들고 싶다는 꿈, 제가 ○○전자에 지원하 게 된 동기입니다.

사랑한다고 먼저 말하라. 어떻게, 왜, 얼마냐가 중요한 것이 아니라, 사랑 그 자체가 중요한 것이다. 사내 게시판에 올리는 흔한 공지사항에도, 동료들이 먼저 듣고 싶어 하는 말을 앞세워라. 입사지원서에도 당신의 꿈을 깃발처럼 맨 앞에 세워라. 그런 도 전 정신과 창의성이 당신을 돋보이게 하고, 당신의 인생 또한 바꿀 것이다.

섬과 섬을 잇는
다리를 찾아서

제목 짓기 노하우 3 – 결합하라

    세상에는 함께해서는 안 될 것들이 많았다. 조선의 칠 세 이상 남녀는 동석하면 안 되었고, 한글은 티셔츠, 애국가는 록음악과는 결코 어울릴 수 없었다. 발레리나와 비보이 또한 평생 만날 일이 없는 존재들이었다. 관습의 부라린 눈 앞에 많은 것들이 갈라져 살았고, 이질적인 존재들이 만나야만 시작되는 창의의 핵융합은 유보되었다.

    그러나 서로를 외면함으로써 존재의 의미를 찾던 것들이 요즘은 왕성하게 결합해 새로운 존재로 거듭나고 있다. 사물놀이와 주방장이 만나 '난타'가 만들어지고, 한지는 패션 디자이너를 만나 옷이 되기도 하고, 격투기는 여자를 만나 다이어트 프로그램이 되는 식이다.

멀었던 두 가지를 결합하는 것은 섬처럼 서로 떨어져 있던 개념들 사이에 존재하는 보이지 않는 다리를 발견하는 일이다. 창의를 다투는 시인과 작가, 영화감독과 광고 회사 크리에이터들의 임무란 실상 그 다리를 먼저 발견하고 암스트롱처럼 첫발을 내딛는 것과 다름없다.

그녀와 가재미가 만나면?

사랑하는 여인을 연꽃이라 부르는 사람은, 사람과 식물이라는 개별성을 넘어 둘 사이에 보이지 않는 연관성을 찾아내는 마음의 시력을 가진 사람이다. 서로 다른 것들을 넘나드는 생각의 힘은 이처럼 언어를 아름답고 풍성하게 하고, 다른 사람을 설득하는 힘을 끌어올린다.

결합이라는 사고방식에, 문학은 많은 감동을 빚지고 있다. 깃발은 아우성을 만났을 때(유치환 〈깃발〉), 암 투병 중인 그녀와 나는 가재미를 만났을 때(문태준 〈가재미〉) 시가 되었다. 광고도 마찬가지. 수많은 '다름'이 광고인의 손을 거쳐 결합되고 새로운 의미를 얻었다. 베네통 광고의 '흑인 여자의 젖을 빨고 있는 백인 아기'처럼 강렬함이 되었다.

제목 짓기에 결합의 방법을 쓰면 상대방을 본문으로, 가게 안으로, 영화관 안으로, 프로젝트 안으로 끌어들이는 데 성공할 가능성이 커진다. 이질적인 것들의 결합은 평소에 어울리던 짝이 아니라서 주목을 끌고, 왜 만나게 됐을까 궁금증을 유발하고, 결국 둘 사이에 미처 생각지도 못했던 다리가 있음을 깨닫게 함으로써 그 발상의 참신함에 호감을 갖게 하며, 스토리에 대한 기대감을 주기 때문이다.

《경제학 카페》, 《용서의 기술》, 《아버지의 가계부》, 《부자 사전》, 《경제 비타민》, 《내 몸 사용 설명서》, 《칼의 노래》 같은 책 제목들에서, '산소 같은 여자', '초코파이는 정입니다', '아이디어 팩토리' 같은 광고업계의 제목들에서, 〈사랑의 레시피〉, 〈살인의 추억〉, 〈왕의 남자〉, 〈조폭마누라〉 같은 영화 제목에서, '총각네 야채가게' 같은 가게 이름에서 우리는 결합이 가진 참신한 힘을 발견할 수 있다.

당신의 생각과 말, 행동을 섬 속에 가두지 마시라. 섬과 섬을 잇는 다리는 아직 발견되지 않았을 뿐이지 어딘가에 반드시 있다. 그 길을 찾고, 앞장서 걸어라.

발견이 전부다

접착제를 들고, 어울리기 쑥스러워하는 생각들을 붙여 보자.

① 새로운 제품이나 서비스를 구상할 때라면 나무와 플라스틱, 겨울과 수영 등과 같이 이질적인 것들을 결합해 보자. 앞의 것은 인테리어 제품이 되고, 뒤의 것은 물놀이 테마파크가 된다.

② 미용실 이름으로 '경제학 카페'를 응용해 '헤어 카페'는 어떤가? '마이 헤어 드라마'는?

③ '대한제철에 나무를 심겠습니다' 같은 자기소개서는 어떨까? 철과 나무는 상극이나, 둘이 결합되어 당신의 마음을 전해 주는 전령이 된다.

④ 기업의 매출과 사계절 사이에는 보이지 않는 다리가 있다. '신제품의 봄날을 위한 영업기획서'를 써낼 줄 아는 팀원이 돼보자.

세상에 붙이지 못할 것은 없다. 영원한 앙숙인 코카콜라 병과 펩시콜라 병을 붙여 보이며 접착력을 과시했던 어느 외국 접착제 광고처럼.

아줌마라고
부르지 말아요

　영화 〈마이너리티 리포트〉에는 지나가는 사람의 홍채를 인식해서 그의 이름을 부르며 세일즈 메시지를 전하는 길거리 광고판이 등장한다. 이 영화에서 그려진 미래가 유토피아냐 디스토피아냐는 논란을 떠나서, 광고의 미래를 그처럼 표현한 데에는 이유가 있다. 광고가 매스미디어를 수단으로 하고 있지만, 실제로는 귓속말을 나누는 애인처럼 사사로운 관계를 희망하기 때문이다. 기술적으로 가능하다면, 광고는 당장 그 사적인 관계 맺기의 길을 걷게 돼 있다. 아닌 게 아니라 나이와 성별이라는 인구통계학적 구분을 넘어서 재력, 학

　　　　　　　　　　　　　　　　　발견이 전부다

력, 출신 지역, 특정 취향 등 다양한 사회심리학적 기준으로 고객을 촘촘하게 세분화하고 그에 따라 광고의 내용과 형식까지 바꾸는 일이 보편화되고 있다.

왜 자꾸만 대상을 한정시키려 할까? 그 이유는 '우리'에 대한 이야기에는 귀가 한쪽만 열리는 데 비해, '나'에 대한 이야기에는 귀가 양쪽 다, 그것도 토끼 귀처럼 크게 열리기 때문이다.

발모제 광고의 경우 가장 효과가 좋은 카피는 '대머리'라는 말이다. 신문 구석에 '대머리'라는 헤드라인을 붙인 조그만 박스 광고를 내도, 머리가 빠지는 게 걱정인 사람들은 귀신같이 그 광고를 알아본다는 것이다. 이런 경우, 글자의 실제 크기는 아주 작지만 필요한 사람들에게는 주먹만큼이나 크게 느껴지게 된다. 이런 착시 효과야말로 한정된 공간에서 자기를 돋보이게 만드는 게 목적인, '제목'이 얻고 싶어 하는 궁극의 결과일 것이다.

'우리'에는 한쪽 귀, '나'에는 양쪽 귀

인터넷 서점에서 '20대'를 검색해 보면 무려 이백 건이 넘는 책 제목이 검색된다. '20대에 하지 않으면 안 될……'에서 '20대 여자의……', '20대부터……' 등등. 물론 10대, 30대, 40대를 소리 높여 부르는 책들도 허다하다. 이런 책들의 범람을 보면, 대상을 좁히면 매출을 넓히는 효과가 있다고 가정할 수 있다.

10대에게는 관심 밖이고, 40대에게는 어린 녀석들의 같잖은 푸념 정도로 기억되는 김광석의 '서른 즈음에'라는 노래 제목은, 서른 즈음의 사람들에겐 메가톤급 위력을 갖고 있다. 그래서 서른 즈음엔 〈서른 즈음에〉를 몇 번씩 부르게 된다.

《부자 아빠, 가난한 아빠》라는 책은 가족을 부양해야 하는 아빠의 처지를 이용한 제목이다. 아마도 책의 제목이 '부자와 빈자'였다면 저자인 로버트 기요사키는 부자가 될 수 없었을 것이다.

'20대여 영원하라'는 화장품 광고의 카피는, 직접적으로 타깃을 한정하지는 않았지만 같은 효과를 냈다. 여기서 커뮤니케이션의 대상은 '20대의 피부를 갈망하는 여성'이 되며, 이들은 20대 후반에서 30대 초에 이르는 여성이다. 반면 40대 여성에게는 가슴에 들리는 말이 아닌 귀에 스치는 말 정도로 느껴질 것이다.

'아줌마'가 아닌 이름으로 불리고 싶었던 마음은 TV 드라마 속 주인공만의 것이 아니다. 제목을 보는 사람들은 제목 속에서 자신의 이름을 발견하고 싶어 한다. 그러니 제목을 지을 때는 오직 한 사람만을 위한 것처럼 속삭여 보는 것도 좋겠다.

발견이 전부다

실전 어드바이스

① 언젠가는 '꼬들꼬들한 라면을 좋아하는 사람들'이라는 이름의 라면 전문점이 나오기를 바란다. 색깔 있고, 재미있고, 머릿속에 진하게 남는 분식집이 될 것이다.

② 자기소개서에도 이름을 넣어 보자. 가령 지원하는 부서의 팀장 이름을 알아보고 '○○○ 팀장님이 놓치면 후회할 홍길동 관련사항 10'이라고 해보는 것이다.

③ 똑같은 스키 고글을 팔면서도 '20대 인기상품'이라는 딱지를 붙여 본다면 재미있는 매출 결과를 얻게 될 것이다. 올해 보드복 트렌드를 주도할 색깔을 알아보고 '하얀색 보드복을 입은 분께 어울립니다'라는 문구를 붙이는 것도 선택 가능성을 높이는 방법이다.

이야기는 화로처럼
사람을 모은다

《아라비안나이트》에서 다음 날 아침이면 죽을 운명인 여인을 살린 건 일천하고도 하루 동안 이어진 '스토리'였다. 증오에 휩싸인 군주 앞에 그녀가 가진 단 하나의 무기는 스토리! 스토리는 이렇게 생명을 좌우하기도 하고, 《삼국유사》나 《일리아드》에서처럼 역사의 조각들을 담아 수천 년 전의 역사를 전승하기도 하며, SF 영화 〈스타워즈〉에서처럼 무한한 상상력을 담아내 수천만 명을 감동시키기도 한다.

스토리가 가진 흡인력은 마케팅에서도 꽤 유용한 것이어서 이미 현장에서 '스토리텔링 마케팅'이라는 이름으로 위력을 떨치고 있다. 나아가 미국 최초의 흑인 대통령인 버락 오바마의 성공 신화를 '스토리텔러storyteller(이야기를 잘하는 사람)의 성공'으로 해석하는 이들도 있다. 그의 경력이나 능력에 대한 정보가 아니라 인종과 계층을 넘나들며 걸어온 그의 '스토리'가 대중에게 감동을 주었고, 표로 연결됐다는 것이다. 하버드 대학의 심리학자 하워드 가드너는 현대사회의 지도자는 모름지기 스토리텔러가 되어야 한다고 주장하기도 한다.

스토리의 시대임을 알려 주는 예는 TV에서도 찾을 수 있다. 거의 매일 밤마다 방영되는 갖가지 토크쇼들은 그야말로 이야기 올림픽이다. 출연진들은 가수, 배우, 개그맨 등으로 출신이 제각각인데 그들은 결코 외모나 본업에서의 실력으로 평가되지 않는다. 아무리 예쁘고 실력이 뛰어나도 특별한 이야깃거리나 구수한 입담이 없으면 몇 회를 버티지 못한다. 시청자들을 TV 앞에 모으고, 프로그램을 성공시키는 건 바로 스토리텔링이기 때문이다.

그렇다면 제목 스스로 이야기꾼이 될 수는 없을까? 다음의 예들을 보자.

밀지 말고 당기세요

세계적으로 유명한 미국의 광고인 존 케이플즈의 대표작은 US 음악학교를 위해 썼던 '내가 피아노 앞에 앉았을 때 모두가 웃었다.

그러나 내가 연주를 시작하자……'라는 헤드라인이었다. 이 긴 헤드라인이 히트했던 이유는 흥미진진한 드라마를 암시하고 있기 때문이었다.

아디다스의 '불가능은 아무것도 아니다 Impossible is nothing' 캠페인에서도 '나는 데이비드 베컴, 내 얘기 좀 들어 볼래?'라는 카피를 만날 수 있다. 이 캠페인의 모델들은 대놓고 스토리텔러를 자처하며 소비자들 눈앞에서 이야기보따리를 흔들어 보이고 있다.

소설이나 드라마, 영화의 제목들은 말할 나위가 없고 법이나 경제, 과학도 대중에게 다가서기 위해 적극적으로 이야기의 형식을 빌리고 있다. 《누가 내 치즈를 옮겼을까?》 같은 유형의 책들은 모두 지혜를 이야기로 전달하는 우리 시대의 이솝우화라 할 수 있다. 심지어 나 같은 사람은 말만 들어도 오금이 저리는 기하학마저도 《유클리드가 들려 주는 기하학 이야기》로 이야기의 형식을 빌려 소개하는 시대다.

스토리의 힘은 동화를 듣고 싶은 어린아이를 엄마 품으로 깃들이게 하듯, 겨울날 난로 주위로 사람들을 모으듯 '당기는 힘'이다. 정보를 쏟아 붓고 선택을 강요하는 '미는 힘'이 아닌 '당기는 힘'이 바로 제목이 추구해야 할 힘이다. 제목을 통해 이제 곧 재미있고 신기한 이야기가 시작됨을 알리자. 사람들은 저절로 따라오게 돼 있다.

발견이 전부다

① 신제품 제안서의 제목을 이렇게 붙이면 어떨까?
'새 노트북을 접한 33세 이지연 씨의 첫 일주일'

② 이런 자기소개서는 어떤가?
'스물일곱 홍길동이 겪은 스물일곱 가지 이야기'

이야기를 잘하는 사람은 좀 못생겨도 어디서나 환영받는다. 성형수술을 계획하기 전에, '나는 이야기를 재미있게 잘하는 사람'이라는 글귀를 책상머리에 붙이고 자기 암시부터 시작하는 것은 어떨까.

평생 행복하게 해줄게, 오빠 믿지?

제목 짓기 노하우 6 – 약속하라

"느이 아부지 말을 믿었던 내가 미친년이지!"

소설, 드라마, 영화 따위에서 닳도록 등장하는 '엄마'의 대사다. 엄마의 '푸념 베스트 10' 안에 들지 않을까? 아무려나 저 대사 속에서 '아빠'가 '엄마'에게 모종의 약속을 했음을 알 수 있다. 결혼의 전제가 약속이었다 해서 속물로 보지는 마시라. 호의호식도 그 약속의 부록이지만 그보다는 '변함없는 사랑'이 약속의 핵심이니까 말이다. 이 약속에 이끌려 남남이던 남녀는 부부라는 전혀 다른 관계에 두려움을 이기고 발을 들여놓는 것이다.

발견이 전부다

입에 쓴 약의 경우는 어떤가. 병을 낫게 해주리라는 약속, 그 약속이 당장의 고통을 참고 약을 삼키게 만드는 힘이다. 쓰고 말 뿐이라면 누가 쓴맛을 감당하려 할까? 달면 삼키고 쓰면 뱉는 본능을 넘어, 쓰고 역겹고 징그러운 것들이 약속하는 건강을 믿고 우리는 오늘도 삼킨다.

약속은 이처럼 미지의 세계로 발 디딜 용기를 갖게 한다. 미지의 세계란 결혼 이후의 생활일 수도, 약을 삼킨 이후의 내일일 수도, 책 표지 안쪽의 본문일 수도, 문 안쪽의 가게일 수도, 포장지 속의 제품일 수도, 선거 이후의 새로운 정부일 수도 있다.

희망의 새끼손가락을 내밀어라

약속이 가장 적극적인 형태로 드러나는 것은 정치 슬로건이다. 단 한 줄 속에 후보자는 국가의 비전과 자신의 원대한 꿈 그리고 구체적으로는 공약을 묶어 낸다. 지난 어느 대선 때의 슬로건은 기호순으로 '가족이 행복한 나라', '실천하는 경제대통령', '세상을 바꾸는 대통령' 등이었다. 후보들이 무엇을 약속했는지를 한눈에 알 수 있으며 당시 대한민국이 어떤 약속을 믿고 역사의 다음 페이지로 넘어왔는지 알 수 있다.

광고 역시 무수한 약속을 쏟아 낸다. 소비자는 기능이 향상된 제품을, 디자인이 개선된 제품을, 좀 더 가치 있는 제품을 사길 원하며,

광고는 그런 '이익'을 약속하며 선택을 기다린다. '이 화장품을 쓰면 촉촉해질 거예요', '이 차를 타면 성공한 사람으로 보여요', '이 약 한 알이면 영양소를 충분히 섭취하는 거예요', '이 교복을 입으면 다리가 길어 보여요'……. 약속은 무궁하고 그 약속하는 바를 얻기 위해 소비자는 지갑을 연다.

식품 코너에도 '몸에 좋은', '씻을 필요가 없는', '맛있는', '조리가 간편한' 등의 많은 약속들이 보이고 서점에도 '내 몸을 살리는 요가', '사교육 다이어트', '일주일 안에 끝내는 ○○○', '한 권으로 완성하는', 'CEO처럼 협상하기' 식의 약속이 책 제목으로 올라와 있다. 길거리 간판에서 흔히 볼 수 있는 '원조', '30년 전통' 같은 것들도 약속인 셈이다. 족발이나 설렁탕이라는 음식의 본질에 더해 차별성과 역사성까지 보증하고 있는 것이다. 예전과 다르게 제품명과 책 제목이 길어지는 최근 트렌드에는 제목 안에 구체적인 약속을 담아내려는 전략이 숨어 있다.

이익을 약속하는 제목은 힘이 있다. 누구나 '남는 거래'를 원하기 때문이다. 그러므로 제목 속에 약속을 보여라. 단, 약속했으면 그것을 지켜라. 정치든, 사랑이든, 쇼핑이든 함부로 약속해 놓고 후일 선택한 사람의 입에서 '내가 미쳤지'라는 탄식이 나오게 하지는 말아야 할 일이다.

발견이 전부다

실전 어드바이스

① '먹으면 행복해지는 만두' 앞에서 사람들은 지갑을 열까, 안 열까? 지갑을 열든 안 열든, 이미 미소 한번쯤은 지었을 테니 그 만두집 이름은 '만두 먹고 스마일'이 어떨까?

② '긍정적인 아이로 만드는 우리 집 인테리어 20'이라는 제목도 가능하다.

③ 지자체도 마케팅에 적극적인 시대다. 교통 표지판에 '진도 100킬로미터'라고 정보 전달만 하기보다는 '살아 있는 민속의 경험, 진도 100킬로미터'라고 표기하는 것도 좋을 것이다. 한참을 더 달려가야 할 이들이 기대감에 힘을 낼 수 있도록 말이다.

선수들은 이름보다 큰
등번호를 단다

'숫자로 본 추기경 장례식.'

2009년 2월 김수환 추기경의 장례가 모두 끝난 뒤 신문에 실린 기사 제목이다. 조문객의 수에서 근조 리본의 개수, 심지어 자원봉사자와 기자들이 타간 식권처럼 자질구레한 것까지 개수를 세어 밝힌 이유는 무엇일까?

기자들은 숫자로 표현된 정보의 힘, 그리고 숫자에 매력을 느끼는 대중의 심리를 잘 알기 때문이다.

숫자는 객관적인 판단 기준을 제공한다. '많다', '적다', '약간'처럼 모호한 표현들은 오해를 부른다. 커뮤니케이션이 오해를 없애고 서로의 공통된 이해를 추구하는 것이라면, 오히려 숫자가 가장 단순하고도 강력한 커뮤니케이션 수단이 된다. 숫자로 제시된 정보는 듣는 이가 자신감 있게 판단할 수 있게 한다. 스스로 판단하고 결정한다는 자부심은 실제로는 잘못된 결정으로 손해를 보게 되더라도 후회가 없게 한다.

숫자는 공신력이 높다. 숫자는 그 분야에 정통한 자들의 것이다. 일반인들이 대, 중, 소로 말한다면 전문가들은 숫자로 말한다. 토론에 나선 패널 중에서는 구체적인 수치를 제시하는 이가 그렇지 않은 상대방을 압도한다. 박사, 교수, CEO 등 대부분의 지도자가 숫자에 정통하고 말 한마디를 해도 정확한 통계와 수치를 거론하는 것을 볼수 있다. 전문성을 가진, 혹은 그 주제를 충분히 조사하고 분석한 사람의 말은 자연스럽게 높은 신뢰를 얻는다.

숫자는 차이를 명확히 한다. 제목의 의무가 다른 제목들과의 투쟁이요 변별력의 확보라면, 크고 작음을 명확히 나타내는 것을 존재 가치로 하는 숫자만큼 제목의 재료로 적당한 것은 없으리라.

숫자는 재미를 준다. 기어이 비교를 하고 크면 크다, 작으면 작다는 평가를 늘어놓고 싶은 사람들의 본능을 충족시키고, 스토리와 사연, 실마리를 슬쩍 흘려 놓는 게 숫자다.

아래의 몇 가지 사례들에서 숫자의 쓰임을 살펴보자.

'하이트'는 꿈쩍 않던 맥주 시장을 움직여 점유율 1위의 아성을 무너뜨리는 드라마를 만들어 낸 적이 있다. 무기는 '물의 차이'였고, 그 차이를 선명하게 해준 건 '지하 150미터'라는 숫자였다. '150' 은 물의 차이와 소비자 이익을 극대화한 도구가 되었다. '2080치약' 은 '20개의 건강한 치아를 80세까지'라는 컨셉을 그대로 제품명으로 삼은 사례다. 숫자로 명확하게 표현된 소비자 이익이 이 제품을 최고의 치약으로 만들었다. '17차[*]'는 하나의 재료만으로 우려내던 음료 시장에 17이라는 실로 무한대에 가까운 숫자를 들고 나왔다. 압도적인 재료 수의 차이는 다른 논의들을 침묵시킬 힘을 가졌던 것 이다.

《1원의 경제학》,《나이 48에 식칼을 든 남자》,《1,000원으로 시 작하는 서울역사문화여행》 같은 책의 제목에서 숫자는 의외성을 의 미하고, 〈가요 탑 10〉 같은 데서는 범위를 한정시킴으로써 희소성 을 높이는 역할을 한다.

또한, 슬픔의 크기는 숫자로 측정되는 것이 아니지만 앞에 소개 한 기사에 나온 것처럼 38만여 명이라는 조문객 숫자는 우리 사회 가 김 추기경을 얼마만큼 사랑했는지를 되새기게 하기에 충분한 수 였다.

① 목표를 구체적으로 제시하는 팀원에게 팀장은 신뢰를 보낸다. '100명의 고객 중 67명이 그래서'라고 전제를 붙일 줄 안다면 직장에서의 성공에 가까워진다. 이어서 '그래서 세 가지 전략을 세워 봤습니다'라고 한다면 더욱 큰 신뢰를 얻을 것이다.

② "나 사랑해? 얼마만큼 사랑해?"라고 묻는 애인에게 숫자로 대답해 보라. "오늘 버스 타고 집에 오면서 열두 정거장 동안 줄곧 널 생각했어."

새로운 별은
지구를 들뜨게 한다

영화 오래 보기 대회가 있었다. 그 대회에 참가한 한 기자는 '최고의 복병은 이미 본 영화를 또 봐야 했던 시간'이라고 말했다. 하긴, 차라리 재미없는 영화를 처음 보는 게 낫지 봤던 영화를 다시 보는 건 너무 큰 인내심을 요하리라. 만약 영화 오래 보기 대회가 영화 하나를 반복해서 보는 방식이었다면 어땠을까? 위의 기자가 참가했던 대회에서 수립된 66시간 동안 '잠 안 자고 영화 관람하기 한국 기록'이 세워질 수 있었을까? 나는 불가능하다고 본다.

새로움 없이 견딜 수 있는 것들은 얼마나 될까? 당장 매일 아침의 밥상에 일주일, 열흘씩 같은 반찬이 올라 있다면 발길질에 뒤집히기 십상일 것이다. 개그맨이 1년, 2년이 지나도록 똑같은 개그만 한다면 처음엔 폭소를 일으키던 기막힌 인기 코너도 짜증을 일으키는 삼류 코너로 전락할 것이다. 죽마고우를 만나 나누는 얘기가 토씨 하나까지 수십 년째 똑같다면, 우정은 참을 수 없는 감옥이 될지도 모른다.

새로움, 그것은 우리 몸의 세포가 지속적으로 새 세포에게 자리를 내주면서 죽어 간다는 사실처럼 살아 있는 것들이 살아 있기 위한 중요한 조건이다.

만들지 말고 찾아라

방송가에서 한때 '신상녀(신상품 마니아)'라는 캐릭터가 인기를 끌었는데, 신상품에 대한 갈망은 그녀만의 것이 아니다. 무뚝뚝한 아버지마저도 아내가 건네는 새 셔츠에 봄날의 상기된 기분을 느끼는 건 마찬가지다. 압구정동이나 홍대같이 젊고 트렌디한 문화를 대표하는 곳에서는 많은 수의 가게들이 6개월마다 인테리어를 바꾸곤 한다. 지칠 줄 모르고 새것에 목말라하는 소비자에 맞춘 생존 전략이다. 이것이 다가 아니다. 정부 또한 끊임없이 새 정책을 홍보한다. 새마을운동에서 뉴딜, 그리고 다양한 혁신 캠페인까지.

이처럼 새로운 것에 끌리는 인간의 심리는, 새롭다고 말하는 방식이 힘을 얻는 근거가 된다. '새로운', '개선된', '처음', 'New', '新'으로 수식된 광고 카피들에 사람들은 마치 새 단장이 한창인 가게를 기웃거리듯 관심을 주게 된다. 광고는 늘 '낯설게 하기'를 추구하는데 '남과 다르다'고 말하기가 한 축이라면 '이전과 다르다'고 말하기는 다른 한 축이 된다. 'Think Different'의 짝은 'Think New'라고 할까.

그러니 이제 우리의 제목에서도 새로움을 강조해 보자. 꼭 신제품이나 새로운 개념, 대단한 혁신이 있어야 새롭다 할 수 있는 것은 아니다. 같은 쌀, 같은 콩으로 밥을 짓지만 몇 차례 수고로움을 더하면 하트 모양으로 장식한 멋진 사랑의 도시락이 될 수도 있지 않는가? 당신이 남편 혹은 아내에게 사랑을 표현하기 위해 콩을 창조해낼 필요는 없음을 기억하라. 제품 안에 잠자던 새로운 기능, 새로운 사용법, 새로운 가치를 먼저 발견하고 안내하는 광고처럼 우리 인생도 다른 시각에서 보면 새로움을 곳곳에서 찾아낼 수 있다.

새로운 기술은 경제를 들뜨게 한다. 새로운 대륙은 구대륙을 들뜨게 한다. 새로운 별은 지구를 들뜨게 한다. 새로운 봄은 산천을 들뜨게 한다. 그리고 새로움을 담은 당신의 제목은 사람들을 들뜨게 할 것이다.

발견이 전부다

① '엄마 재발견의 날'을 정해 보라. 당신이 아빠라면, '새로워진 아빠를 소개합니다'라고 딸에게 말해 보라. 물론, 당당하게 이야기할 수 있도록 작은 이벤트부터 준비하면 좋을 것이다.

② '직장인의 새봄을 위한 신 메뉴 3선'으로 봄의 입맛을 공략해 보라. '떡볶이에 대한 새로운 생각'이나 '짜장 신대륙' 같은 상호는 어떤가?

미용실은 세상을 바꾸지는 못하지만 한 사람의 인상을 바꿀 수 있다. 월요일, 과감한 헤어스타일로 나타난 당신은 회사에서 '오늘의 뉴스'가 된다. 당신은 자신에게 인센티브를 주고, 회사 동료에게 신선한 에너지를 선물했다.

발걸음을 잡는 건
빨간불이 아닌 물음표

호텔 커피숍. 생면부지의 남녀가 마주 앉았다. 그들은 만난 지 채 한 시간도 안 되었지만 어쩌면 수개월 후, 평생을 약속할 사이가 될지도 모른다. 짧지만 소중한 시간, 그들이 해야 할 유일한 일은 서로에 대한 '이것'이다.

소크라테스는 서구 문명의 사상적 기초를 닦은 철학자다. 그는 무지를 깨닫는 것이 지혜를 얻는 전제라고 보았으며, 제자에게 무지를 깨닫게 하려는 방법으로 회초리가 아닌 '이것'을 사용했다.

네이버는 1999년에 서비스를 시작한 포털 사이트로 구글이나 야후 같은 외국 검색 사이트들과는 사뭇 다른 한국형 검색 모델로 승승장구, 최고의 인터넷 기업으로 우뚝 서 있다. 네이버를 하루에 도 수십 번씩 들락거리는 대한민국 인터넷 사용자는 '이것'을 한다.

막 유치원에 다니기 시작한 다섯 살 시우와 찬우, 이 쌍둥이가 유 치원 버스에서 내려 엄마의 품에 안길 때, 엄마가 매일 던지는 것은 오늘의 유치원 생활에 대한 '이것'이다.

참을 수 없는 '잘난 척'의 욕망

'이것'이 무엇일까? 그렇다 '질문'이다. 질문 혹은 '문답'이다. 내 가 알지 못하는 것을 상대방에게서 구하고, 상대방이 궁금해하는 것 을 내가 건네는 교환이야말로 커뮤니케이션의 원형이다. 그리고 이 원형을 그대로 표면에 드러낸 소통의 형식이 '질문'과 '대답'이다. 우 리 생활 속, 커뮤니케이션 현장이 문답으로 가득 차 있다는 것이 이 를 잘 말해 준다.

퀴즈 프로그램을 볼 때 시청자들의 태도를 살펴보면 질문하고 대답하는 행위가 가진 놀라운 잠재력을 확인할 수 있다. 사회자가 질문을 던지고 참가자가 대답을 준비하는 사이, 거실에서는 일반적 인 시청 태도와는 다른 풍경이 펼쳐진다. 아버지는 아버지대로, 어 머니는 어머니대로, 자식들이나 할머니는 또 그들대로 저마다 생각 에 빠지고, 나름의 답을 앞다퉈 내놓곤 하는 것이다. 마케팅 분야에서 이 정도의 참여를 이끌어 내려면 얼마나 많은 노력과 비용이 드는지 실무자들은 잘 알 것이다.

이처럼 문답은 매우 효과적인 커뮤니케이션 방법이며 제목의 자리에서도 충분히 위력을 발휘한다. 질문은 완력을 쓰지 않고 상대방을 개입시키는 지적 유혹이기 때문이다. 빈칸을 채우고 싶은 욕구, 아는 것을 안다고 하고 싶은 욕구는 대단하다. 심지어 자기에게 던져진 질문이 아니라도 아는 체할 만하다 싶으면 사람들은 걸음을 멈춘다.

질문을 하면 바닥에 뒹굴며 게을러진 감각을 자극하게 된다. 뇌를 깨우고 일으켜서 왕성하게 치고받게 된다. 또한 제목에서 쓰이는 질문은 그만큼 정확하고 신뢰도 높은 정보를 제공할 의향이 있음을 암시하기도 하고, 의외의 답으로 새로운 길을 제시하겠다는 의도를 보여 주기도 한다. 때로는 문제 제기를 함으로써 이슈를 만들겠다는 의도도 드러낸다. 질문은 이처럼 묻되 묻고 마는 데만 그치지 않는 복합적인 매력을 가졌다.

질문하라. 소통의 욕구가 부스스 일어나 커뮤니케이션의 문을 열어 줄 것이다. 당신이 두드리는 문고리는 아마도 물음표 모양, 상대방이 열어 주는 문고리는 아마도 느낌표 모양.

① 모두가 그렇다고 생각하는 문제를 의문문으로 만들어 보라. '한국의 문제는 과연 경제인가?'

② 목적의식도 없이 세상에 떠밀려 어디론가 바쁘게 가고 있는가? 그런 자신에게 '나는 누구인가?', '나는 어디로 가고 있는가?' 물어 보라. 그러면 기계적으로 움직이던 인생의 발걸음을 멈추게 할 수 있다.

③ '20대 취업, 정답은?'이라는 제목의 책은 어떨까?

④ '카레문답', '카레에게 묻다'라는 카레 전문점, 괜찮지 않을까?

마음의 사이렌을
울릴 수 있다면

제목 짓기 노하우 10 – 경고하라

대나무는 죽기 직전에만 꽃을 피운다고 한다. 스스로에게 헌화하며 고별식을 하는 것도 아닐 텐데 왜 죽기 전에만 꽃을? 뿌리로 번식하는 대나무는 다른 식물들처럼 꽃을 피울 필요가 없기에 그 땅의 양분이 소진되면 최후의 수단으로 꽃을 피우고 바람에 씨앗을 날려 보내는 방법을 택한다는 것이다.

청어를 싱싱한 상태로 운송하기 위해서 같은 물에 천적인 메기를 넣어 둔다고 한다. 청어만 넣었을 땐 장거리 이동을 버티지 못하고 죽어 버리는데 메기가 시시각각 생명을 위협하면 싱싱하게 살아

발견이 전부다

남는다는 것이다. 몇 마리는 희생을 당하겠지만 목숨을 걸고 도망치다 보니 열악한 생존환경 속에서도 생명을 부지하게 되는 것이다.

성공한 인생들, 영광된 역사를 꽃피운 민족들은 대부분 처참하고 가슴 아픈 과거를 가지고 있다. 문학과 예술의 모태가 생활고나 이별의 슬픔인 경우는 이루 헤아릴 수 없을 정도다. 상처를 딛고 보석을 탄생시키는 것은 진주조개만의 일은 아닌 것이다.

지금 사랑하지 않는 자, 모두 유죄

'팔지 못하면 내가 죽는' 영업의 속성 때문에, 판매 촉진 광고를 만드는 이들은 위협소구fear appeal를 즐겨 사용한다. 또래들보다 키가 작은 아이의 모습을 보여 주며 엄마들을 긴장하게 하고, 어린이용 영양제 구매를 고려하게 한다. '묻지도 따지지도 않는' 보험 광고들은 준비 없이 일을 당했을 때의 곤란함을 지속적으로 상기시킨다. 다시없을 세일의 기회는 그저 또 하나의 구두일 뿐인데도 그것이 생존의 필수품인 양 여기게 만든다. 기업의 이미지를 제고하기 위한 광고들에서는 인간과 자연, 기술의 아름다움을 표현할 여유를 가지지만, 당장 성과를 내야 하는 세일 광고, 행사 고지 광고들에서는 위협소구가 유용해지는 것이다.

광고만이 아니다. 자극하고, 행동을 유도하는 데 매우 효과적인 방법이기 때문에 특히 정부정책의 홍보에도 자주 사용된다. '덮어

놓고 낳다 보면 거지꼴을 못 면한다'는 산아제한 표어는 1962년의 것이다. 대놓고 거지 운운하는 것도 재미있지만 이는 지긋지긋한 가난을 벗어나 보려고 아등바등하던 당시의 국민에게 효과적인 위협 소구였을 것이다. 금연 광고는 세상의 수많은 광고 중에서 위협소구를 가장 자주, 그리고 강도 높게 사용하는 분야다. 폐암으로 사망한 코미디언 이주일 씨가 출연해 '담배는 독약입니다. 담배는 가정을 파괴합니다'라고 호소했던 것이나 담배 때문에 썩어 문드러진 신체 장기들을 그대로 노출하는 외국의 금연 광고들이 그 예다.

《지금 사랑하지 않는 자, 모두 유죄》라는 책이 있다. 이는 위협이 부정적이기만 하지 않고 아름다울 수 있다는 것을 말해 준다. 죄인이 되지 않기 위해 사랑하는 세상은 얼마나 아름다울까? 사랑하지 않으면 벌금을 물리고, 사랑하지 않으면 사랑의 당사자들을 한 공간에 함께 구금하는 나라는 없을까?

아이의 울음을 그치게 하려고 엄마가 '망태 할아버지'를 이용하듯, 위협소구는 생각보다 가까이 있다. 다만 두 가지를 기억하자. 첫째, 늑대 소년처럼 위협을 반복하지 말 것. 둘째, 물질적인 면에서만이 아니라 인간적인 면에서의 결핍과 후퇴, 부족함에 대해서도 늘 두려워할 것. 위협은 위협 자체를 목적으로 하지 않고 꽃이 되고 생명이 되고 생산이 되고 행동이 되고 아름다운 세상이 되기 위해 존재해야 한다.

발견이 전부다

① '하루하루 가꾸지 않으면 미워지고 늙어 간다'는 말은 여자의 피부와 화장품만의 이야기가 아니다. 민주주의 같은 가치들도 그렇다.

② '위기는 내년에 또 온다'를 기업의 모토로 정한다면 어떨까? 요즘 경제가 어려워서 당장은 당연한 듯 느껴지지만, 한창 경기가 좋을 때도 이런 문구를 마음에 새길 현명함이 있다면, 위기는 감기처럼 쉽게 극복할 수 있을 것이다.

'나의 말'보다는
'너의 말'로

"앗살라무 알라이쿰!"

'안녕하십니까?'라는 뜻의 아랍어 인사가 미국 대통령의 입에서
나오리라고는 누구도 예상하지 못했다. 그러나 카이로 대학에서 행
한 연설에서, 오바마는 이와 같은 첫마디로 세계를 놀라게 하고, 아
랍의 마음을 흔들었다. 수많은 외교적 노력의 성과와 맞먹는 큰 힘
이, 아랍인들에게 그들의 모국어로 건넨 인사 한마디에 담겨 있었던
것이다.

모토로라 휴대전화 CF. "난 둘 다"라는 영국 출신 축구선수 베컴

의 어눌한 한국어 한마디가 제품의 특징을 명확히 하는 데에서 더 나아가 호감도 상승이라는 부수적인 효과까지 거둔다. 그의 영어를 우리말로 더빙만 했다면? 느낌과 효과, 신선함의 강도는 완전히 달라졌을 것이다.

'나의 말'이 아니라 '너의 말'을 쓰는 용기를 냈을 때, 커뮤니케이션의 양상은 크게 달라진다. 머나먼 타지에서 고향의 음식을 나누는 것과 같다고 할까? 익숙한 재료와 풍미가 서로의 벽을 허물고 견고한 유대를 만들어 주듯이 익숙한 말은 남남인 상대와의 거리를 빠르게 줄여 준다.

이러한 효과가 외국어와 모국어 관계에서만 나타나는 것은 아니다. 정도는 덜하지만 같은 언어 안에서도 주로 쓰는 단어, 어투 등에 따라 커뮤니케이션 당사자 간의 친밀감에 차이가 생긴다. 사투리와 은어, 채팅 언어 등에서 확연한 예를 볼 수 있는 이 법칙을 제목에서도 적극적으로 활용할 수 있다.

산울림과 소시

21세기에 오픈하는 새 음식점이라 하더라도 수준급 한정식집의 이름은 무슨 무슨 궁宮이나 정亭이 어울린다. 우리 전통음식을 다루는 곳이기에 이름도 예스러운 게 어울리고, 이는 또한 손님이 될 사람들의 언어와도 맞닿아 있다. '아딸'은 '아버지가 만든 튀김, 딸이 만든 떡볶이'라는 뜻의 프랜차이즈 분식집의 이름이다. 언뜻 이해하기 어려운 이 약칭은 줄여 부르는 데 익숙한 세대들에겐 친숙하다. 튀김과 떡볶이의 핵심 타깃인 여고생들에게 어필할 가능성도 커진다. 또한 '매드포갈릭'은 스파게티에 친숙한 세대에게 적절한 이름이다.

'산울림', '송골매' 등의 그룹 이름은 '7080' 세대에 어울리고 '2NE1'이라는 암호 같은 그룹 이름은 21세기에 어울린다. 시대를 구분하기 어려운 '소녀시대' 같은 그룹 이름도 요즘 젊은이는 '소시'라고 자기 식으로 줄여 부른다.

'열공'이라는 단어는 청소년 대상 광고에서 흔히 만나는 카피다. 열심히 공부한다는 말이다. 청소년이 먹고 마시고 입고 쓰고 할 제품을 광고하면서 교장선생님 세대의 언어를 사용한다면 십 대의 마음을 사로잡을 수 있을까? 최대한 그들의 말을 참고하는 게 이로울 것이다.

어느 저술가는 탈고한 원고를 꼭 아내에게 소리 내어 읽게 하고 어색하게 읽는 부분이 있으면 일일이 고쳐 쓴다고 한다. 이때 고쳐 쓰는 기준은 당연히 독자의 언어이다. 철저하게 읽는 사람의 입장을 배려하는 것이고 저술가의 언어와 읽는 사람의 언어를 일치시키려는 노력이다. 그 저술가의 경쟁력은 여기에 있다 할 것이다.

병법에서도 싸우지 않고 이기는 것이 최선이라고 했다. 아직도 커뮤니케이션 상대를 '그들'이나 '저쪽'으로 보고 있는가? 상대방의 언어를 이해하고, 그들의 입장과 문화를 배려하는 마음으로 나의 말을 다듬어 보자. 커뮤니케이션을 밀고 당기기가 아닌 '우리끼리'의 정겨운 귓속말로 승화시켜 보자.

실전 어드바이스

① 자녀와의 커뮤니케이션에 문제가 있다면 언어 코드부터 맞춰 볼 일이다. '열공도 좋지만 건강 꼭 챙겨라, 우리 딸'이라고 툭 던진 한마디에 아빠는 보너스 점수까지 얻을 수 있다.

② 교향악단을 위한 공연 계획서가 건설 분야의 계획서와 같아서는 맛이 없을 것이다. '정기연주회 성공을 위한 두 가지 제안 : 안단테 혹은 프레스토 전략'이라는 제안서를 쓸 수 있다면 멋지지 않을까?

③ 한자에 익숙한 세대에게 사자성어는 꽤 유용하다. '노인복지, 다다익선의 유혹을 넘어'는 프로젝트의 성격에도 어울리고, 그 프로젝트의 당사자들에게도 친숙한 표현일 것이다.

아, 얼쑤,
올레!

제목 짓기 노하우 12 – 감정을 담아라

잠깐, 오늘 아침 기상 캐스터의 표정이 어땠더라? 일기예보 진행자는, 뉴스 진행자와는 사뭇 다른 이미지다. 나라 안팎의 굵직한 이슈와 사건 사고를 전하는 뉴스 진행자의 경우, 좋은 뉴스에는 다소 밝은 표정을, 나쁘고 슬픈 뉴스에는 우울한 표정을 짓긴 하지만 변화는 크지 않다. 무채색에서 명도만 달라지는 느낌이랄까.

그러나 기상 캐스터는 다르다. 그녀는 다양하게 옷을 입고 표정도 변화무쌍하다. 간만에 화창한 날이라면, 그녀는 파국에 처한 정치 현실에도 쾌활하게 웃어도 좋다. 아니, 웃어야 좋다. 구름 사진과 몇 가지 기상 아이콘들이 오늘의 날씨를 전해 주지만, 캐스터의 표정이 그 화창함을 생생하게 하기 때문이다. 제목에도 표정을 만들어 주면 호소력이 높아지지 않을까?

조선 시대 한글엔 판본체와 궁체가 보이고, 한자의 경우는 진한 시대 이전의 고대 한자인 전서, 한나라 때의 예서, 그리고 해서, 행서, 초서체가 있다. 느낌이 각자 다른데, 판본체에 임금의 위엄이 서려 있다면 궁체에는 조선 여인들의 섬세함이 담겨 있는 식이다. 요즘은 수천 가지의 컴퓨터용 서체가 개발되었고, 캘리그라피가 유행해서 백인백색의 손글씨가 자유롭게 쓰이고 있다. 이 모든 것들은 글의 표정이 점점 풍성해지는 것을 보여 준다. 그리고 그 표정은 내용과 소통 방법을 고려해서 결정된다. 서체가 있다면 색도 있을 것이다. 매운 맛으로 승부하는 음식점들은 대부분 붉은 글씨나 붉은 바탕을 쓰는 식이다.

소리 나고 냄새 나는 이름

글꼴이나 색깔에만 표정을 주는 것은 아니다. 어휘의 선택과 수사법의 활용, 그리고 커뮤니케이션에 대한 통찰이 제목의 표정을 더욱 풍성하게 한다. 평범한 감수성이라면 정수라의 노래든 정태춘의 노래든 '대한민국'이라고 곡명을 붙였을 텐데, 그들은 벅차올랐기에, 혹은 분노하지 않을 수 없었기에 '아, 대한민국'이라는 제목을 탄생

시켰다. '아'라는 감탄사가 더해졌을 뿐인데 '대한민국'은 그 이전의
'대한민국'과 달라졌다.

'살았다'라는 신문기사 제목은 어떤가? 구조나 구출 같은 개념적
인 정보 전달보다 훨씬 인간적인 맛을 가지고 있다. 인질이 풀려나
거나 재난 지역에서 빠져 나오는 생존자들의 사진과 함께 '살았다'
와 같은 기사 제목이 보인다면 뉴스는 뉴스를 넘어 드라마가 된다.

'방귀대장 뿡뿡이'는 의성어를 그대로 이름으로 썼다. '방귀대장'
에 그치면 재미가 없고 '뿡뿡이'라는 이름을 더해야 맛이 산다. 소리
가 나고 냄새가 나는 이름 앞에 아이들은 무장 해제될 수밖에 없다.

무대를 기업으로 넓히면 '야후'라는 세계적인 IT 기업과 한때 우
리나라를 뜨겁게 달구었던 KT의 '올레olleh' 캠페인을 만날 수 있다.
그저 감탄사 하나로 완결된 이 거대 기업들의 슬로건은 보다 많은
말을 한다. 또한 감각을 지향하는 오늘날의 경향을 말해 준다.

음식점 브랜드로 가면 '죽여 주는 동치미'나 '홀랄라'가 보인다.
《참을 수 없는 존재의 가벼움》에는 작가 밀란 쿤데라의 표정과 심정
이 보인다. 존재는 그냥 가벼운 정도가 아니다. 이미 제목에서 우리
는 역설과 통찰을 만나게 된다. 《하악하악》(이외수)이라는 제목으로,
독자의 책 읽기는 책을 펼치기 전부터 뜨겁게 시작된다.

창의적인 사람들은 감정 표현도 잘한다. 그들은 표정으로 이미
커뮤니케이션을 시작한다. 웃기고 싶다면 제목부터 웃게 하라. 울리

고 싶다면 제목부터 눈물 흘리게 하라. 제목을 무표정하고 무심한 존재로 남겨 두지 마라.

① 실적보고서에 '2009년 3/4분기 하하하 보고서'라는 제목을 달면 어떤가? 실적이 괜찮다면, 시도해 보라.

② '아, 25기 친구들이여!'라는 제목의 동문회 소집 메일 제목은 어떤가? '대한고등학교 25기 동문님을 초대합니다'보다는 표정이 산다.

③ 이력서에 누구나 이름을 쓴다. 그러나 거기에까지 창의력을 발휘할 엄두는 아무도 내지 못한다. 당신의 이름 앞에 '완당(김정희)', '늘봄(전영택)' 같은 호를 붙이면 어떤가? 자신을 표현할 수 있는 호를 정해 보고, 이력서에 사용해 보자. 이력서 속 당신의 얼굴 사진은 빛나는 표정을 가지게 될 것이다.

④ '손님이 울면'이라는 매운 음식(특히 면류) 전문점 이름은 어떤가? 매운 맛에 울고 싶은 손님들이 일단 줄을 서고 보지 않을까?

새우보다
고래를 잡아라

　여기는 노래방이다. 회사 동료들과 함께 왔을 수도, 동창이나 가족들과 함께 왔을 수도 있다. 그런데 이 노래방에서는 평소의 서열(나이, 경력, 직급, 항렬)과 다른 서열이 즉석에서 만들어진다. 누가 먼저 마이크를 잡느냐에 따라 이어 부르는 사람들은 곡 선택의 자유가 꽤나 제한되는 것이다.

　누군가 소녀시대의 〈소원을 말해 봐〉를 불렀다면 그 이후로 마이크를 잡는 사람들은 그(녀)가 설령 실제 소녀시대보다 노래와 춤을 더 잘한다 하더라도 다시 〈소원을 말해 봐〉를 선곡하지 않는다.

이것이 실생활에서 체험할 수 있는 '선도자의 법칙'이다.

기존에 없었던 제품 혹은 서비스를 최초로 만들어 낸 기업이 있다면, 그 기업은 불가침의 지위를 얻게 된다. '좋은 것'보다는 '먼저인 것'이 시장에서 지배적인 위치를 차지하게 되며, 이 순위는 웬만해서는 바뀌는 경우가 없다. 이것이 《마케팅 불변의 법칙》이라는 책에서 제시된 '선도자의 법칙'이다.

'2등은 아무도 기억하지 않는다'라는 1994년도 삼성그룹의 광고는 이 법칙의 재확인이었다. 최초로 대서양을 횡단한 린드버그와 두 번째로 횡단한 힝클러 사이, 베를린 올림픽 마라톤의 우승자 손기정과 2등 어니스트 하퍼의 사이엔 넘을 수 없는 벽이 생긴다는 것이 요지였다. 셀로판 테이프의 대명사가 된 '스카치 테이프', 4륜구동차의 보통명사가 된 '지프 Jeep', 반창고의 대명사 '대일밴드'는 이처럼 '1등'이 되어 그 분야의 대명사가 된 예들이다.

당신 안의 신대륙을 찾아라

처음이 되는 방법 중에 한 분야의 대표가 되는 방법도 있다. '환경재단' 같은 경우, '소나무 재단'이나 '시냇물 재단'이 아닌 '환경'이라는 카테고리를 재단의 이름으로 정한 것은 그만큼 큰 포부를 가졌기 때문일 것이다. 이렇게 큰 이름을 갖게 되면 비공식적이지만 대표성까지 연상시킬 수 있다.

이처럼 카테고리를 선점하려는 노력은 인터넷 세상에 더욱 두드러진다. 주로 즉흥적인 검색을 통해서 방문이 이루어지기 때문에 대표성 있는 이름을 갖는다는 것은 수십억의 광고홍보비를 쓴 효과를 가지기 때문이다. 'Korea.com'을 사이트 주소로 차지했을 때, 그 회사는 실제 대한민국을 얻은 것처럼 기뻤을 것이다. 제품이나 서비스의 카테고리 이름을 선점하지 못한 기업들은 최대한 유사한 발음을 찾거나 제품의 핵심 속성과 카테고리 명칭을 조합하여 차선책을 찾는다. 'Best, All, For you' 등 고객을 지향한다는 의지를 덧붙이기도 한다.

내가 참여했던 광고 캠페인 중에도 카테고리를 선점하기 위한 기업들의 치열한 경쟁을 볼 수 있는 예가 있다. GS 칼텍스는 출범 초기부터 '에너지 리더'라는 기업 슬로건을 쓰기 시작했는데, 회사 관계자들은 이 슬로건을 매우 만족스러워했다고 한다. 단순한 석유화학 기업에서 나아가 에너지라는 어마어마한 개념을 선점했기 때문이었다. 그러나 경쟁관계에 있던 SK 주식회사는 지주회사와 사업회사로 분할하면서 사업회사 이름을 아예 'SK 에너지'라고 지어 버렸다. GS 칼텍스로서는 허를 찔린 셈이다.

지구상에 더 이상 신대륙은 없다. 지구상의 인간 활동에도 새로울 것은 없어 보인다. 모든 카테고리는 선도자들이 벌써 차지한 것처럼 보인다. 하지만 우리는 마음으로 보는 푸른 별, 커뮤니케이션

발견이 전부다

의 푸른 별을 가지고 있다. 어설픈 관심의 차원이 아니라 혼을 담은 열정을 가지고 도전하면 이 푸른 별의 어느 바다에선가 당신을 첫 주인으로 맞아들일 신대륙이 솟아오르리라.

무언가에 도전하고자 한다면 남들의 뒤를 쫓지 말고 다른 길을 찾아 '처음'이 될 일이다. 작은 부분에 욕심내기보다 분야 전체를 꿈꾸는 야망을 가질 일이다. 제목을 지을 때도 유용한 원칙들이다.

실전 어드바이스

① 사랑을 고백해 보자. '나는 유지연 연구소입니다. 그녀의 인생, 담당은 바로 나입니다'라고 선언해 보자. 이런 프러포즈라면 성공 확률이 높을 것이다.

② 자기소개서에 '홍길동이 쓰는 한국전자 백서'라 쓸 자신이 있는가? 지원하는 회사(여기서는 한국전자)를 속속들이 연구했다고 자부한다면, 써보라.

③ '결혼후애'라는 피로연 전문 케이터링 회사는 어떨까?

④ '생각'이라는 단어는 지식산업을 대표할 수 있는 단어다. 서점을 열려거든 '생각 서점'도 고려해 보시기를.

나의 말이
왕의 말이 되도록

"엄마~ 이게 맞지?" "아니야! 엄마~ 저게 맞지?"

어린아이들이 양보 없는 논쟁 끝에 찾는 것은 엄마다. 엄마는 헌법재판소 재판관처럼 주문主文을 읊고 이어서 자세한 판결 이유를 말해 준다. 주문에선 자식의 마음을 다치게 하고 싶지 않은 배려가 우선, 판결 이유에선 눈높이를 맞춰 친절하게 풀이한 세상의 이치가 우선이다. 그들에게 엄마가 정답이요 법인 것은 그녀가 사랑으로 권위를 얻고, 가장 가까이에서 언제든 대답해 주는 성실함으로 권위를 얻고, 먼저 세상을 경험한 시간의 힘으로 권위를 얻고, 따뜻한 밥으로 권위를 얻고, 더 큰 키로 권위를 얻었기 때문이다.

　논쟁을 해결하기 위해서만 권위가 필요한 것은 아니다. 우리는 커뮤니케이션을 효과적으로 이끌어 가기 위해서 권위를 이용한다. 내로라할 맛집들을 가보면 십중팔구 하얀 A4 용지에 유명인의 사인을 받아 코팅해서 벽면을 장식한 것을 볼 수 있다. '잘 먹었어요', '고향의 맛입니다', '짱이에요'라고 쓴 한마디 한마디는 그 맛집들이 획득한 무형의 조미료다.

　그들이 개인적인 차원에서 권위를 나누어 준다면 언론들은 공적인 차원에서 권위를 나누어 준다. 〈맛 대 맛〉이나 〈찾아라 맛있는 TV〉, 〈VJ특공대〉 혹은 〈1박 2일〉의 방영 장면, 신문과 잡지의 게재 면들은 간판이 되기도 하고, 액자가 되기도 한다. 만약 음식점을 고르는 데 애를 먹고 있는 관광지에서 그런 간판을 보게 된다면, 대부분의 사람은 5분 후 그 식당에서 메뉴판을 들고 있을 것이다.

　음식점만 권위를 찾는 것은 아니다. 책도 술도 약도 화장품도 전문가의 손길을 기다린다. 세상의 모든 것들이 권위에 목말라 있다고 보면 맞을 것이다. '의사협회 추천', '미국 대통령이 요즘 읽고 있는 책', 'OECD 한국 총회 공식 건배주' 같은 슬로건과 광고 카피들이 권위와 이어져 있다. '아인슈타인' 우유, 'Joobong' 배드민턴 라켓, '아이비클럽' 학생복 등은 브랜드에 권위를 넣고 싶었던 경우다.

　광고에서 모델을 쓰는 이유도 많은 경우 권위에 의지하기 위해

서다. 사회 저명인사들이나 유명 연예인, 스포츠 선수들은 사적으로
는 음식점 A4 종이에, 공개적으로는 (CF의 모델로 활약하며) 브랜
드에 사인을 남긴다.

전문성·책임·신뢰감이 더해진 목소리, 권위

그렇다면 권위의 최상위는 어디가 될까? 아내들이 하나쯤 소장
하고 싶어 하는 '로열 코펜하겐'이라는 세계적인 도자기 브랜드는
덴마크의 줄리안 마리 여왕이 후원하여 1775년에 출범했다. 여왕의
식탁에 놓인 것과 똑같은 식기를 놓는 것은 여자들의 꿈이 아닐 수
없으며, 덴마크 왕실은 자신의 권위로 그 꿈을 응원하고 품질을 약
속했던 것이다.

왕실이 사라진 우리에게 왕실 브랜드는 없을까? '광주요'라는 도
자기 브랜드는 왕의 권위, 역사의 권위를 간접적으로 담고 있는 경
우. 광주는 왕실에서 쓰는 도자기의 납품을 맡았던 사옹원^{司饔院}이라
는 관청의 분원이 설치되어 있던 고장이다. 이 도요지^{陶窯址}의 이름
을 브랜드로 삼은 것은 왕실 자기의 권위를 이어받고 역사의 유산을
이으며 세계의 유명 도자기와 맞서고 싶은 야망 때문이었을 것이다.

이제 관리 감독할 왕실이 사라졌으니 광주요의 가치는 스스로의
책임감과 고객들의 (왕실이 아닌) 브랜드 충성도에 따라 달라질 것
이다.

발견이 전부다

권위의 힘을 빌릴 수 있다면 잘 활용할 일이다. 권위란 객관적인 제3자의 목소리이며, 그중에서도 함부로 얻을 수 없는 전문성과 책임, 신뢰감이 더해진 목소리이기 때문이다. 마지막으로 말을 보태자면, 모든 권위는 엄마처럼 되기를 바란다. 사랑과 배려, 헌신과 노력, 지식과 시간을 포함한 모든 것의 아낌없는 나눔이 바탕이 된 진정한 권위 말이다.

실전 어드바이스

① 아이들을 설득할 때 성공한 사람들, 존경받는 사람들의 가치관과 그들의 말을 적극적으로 인용해 보자. 요컨대 아빠가 아닌 한비야, 헬렌 켈러, 조앤 롤링으로서 딸아이와 대화를 해보는 것이다.

② '영국의 아이들은 어떻게 축구를 시작할까?'라는 유소년 축구단 안내서는 어떤가? 제2의 박지성을 키우고 싶은 부모들에게, 제2의 박주영과 손흥민을 꿈꾸는 아이들에게 EPL(영국 프리미어 리그)의 무대이자 축구 종가인 영국은 꿈이자 권위가 될 것이다.

③ IT기업 지원자라면 빌 게이츠의 권위에 기대 보는 게 어떨까? '홍길동의 빌 게이츠 지수를 알려 드립니다' 혹은 '왜 교수들은 홍길동을 빌 게이츠라 불렀나?'라는 제목의 자기소개서로.

가슴을 울리는
작고 낮은 목소리

미국의 부통령을 지낸 앨 고어는 차기 대권을 노리는 정치인으로서가 아니라 지구 온난화 문제를 걱정하는 환경운동가로서 우리 앞에 다시 나타난다. '불편한 진실'이라는 그의 캠페인 타이틀은, 과장하거나 윽박지르지 않으면서도 우리가 처한 암울한 현실을 잘 표현하고 있다.

주목받는 광고 캠페인을 펼치고 있는 캐논 익서스의 광고를 보자. 쿠바라고 느껴지는 관광지. 현지인 할아버지에게 카메라가 건네지고, 할아버지는 아주 어설프게 카메라를 잡고 대충 가늠해서 셔터를 누른다. 이 과정에서 자막이 화면에 새겨진다. '솔직히 진짜 소중한 사진의 대부분은 지나가던 누.군.가.가 찍게 된다.' 친구에게 말하는 듯한 꾸밈없는 한 줄의 카피는 우리네 카메라 생활에 대한 통찰을 담고 있다.

소박한 밥상 위 '소울 푸드'처럼

진실을 외면하지 않고, 아직 말해지지 않은 일상의 아름다움을 발견해 주고, 말하는 이의 속마음이 깨지지 않도록 잘 포장해서 전달해 주는 것이 커뮤니케이션의 임무다. 제목은 포장이랄 수 있는데, 포장에도 두 종류가 있다. 어떤 것은 화려하고 세련되어 받는 이를 기쁘게 해주고, 어떤 것은 아무렇게나 구겨진 신문지나 누런 골판지처럼 내용을 보호하고 온전히 전달하는 것을 제 몫으로 한다.

국수와 동동주를 파는 '만복국수집'은 하얀 바탕에 '만복'이라는 이름보다 '국수집'이라는 보통명사를 더 크게 써놓았다. 장식이 배제된 차분한 공간에서 먹는 따뜻한 멸치국물 국수 한 그릇의 가치는 더없이 정겹다. '만두찝'이라고 약간의 위트만을 더한 만두집은 왠지 가슴을 더 따뜻하게 덥히는 만두를 팔 것만 같다.

〈라따뚜이Ratatouille〉(2007)라는 애니메이션 영화에서, 까다롭기로 소문난 음식평론가를 감동시킨 건 희귀한 재료를 사용하는 고가의 요리가 아니다. '라따뚜이'라는, 프랑스 서민 가정에서 먹는 간단

한 야채요리였다. 영혼에 각인된 '소울 푸드soul food'는 대부분 비계 한 덩어리 던져 넣을 여유도 없이 그저 먹다 남은 김치로 끓였을 뿐인 김치찌개이거나, 영화 〈카모메 식당〉(2006)에서처럼 밥 한 덩이를 김으로 감싼 오니기리(주먹밥)이거나, 〈라따뚜이〉에서처럼 어머니가 해주시던 야채음식이다.

몸을 채우고 마음까지 채우는 음식이 이리 소박한 것은 화려한 '만한전석滿漢全席(청나라 황실요리)'보다 우리 영혼에 가깝기 때문이리라. 작고 낮은 목소리들은 작고 낮은 우리네 인생에 더 가까이 있는 법이다. 간판도 없는 '포장마차'라는 이름의 포장마차에서 우리가 기울이는 술잔들, 그리고 그 안에서 나누는 우리 삶의 이야기들이 바로 커뮤니케이션의 원래 모습이다. 세상엔 참 소박한 간판들이 돛처럼 솟아올라, 작고 낮은 이들의 희망을 밝히고 있다.

《나는 달린다》는 단순한 책 제목이 묵직하게 느껴지는 것은, 자신을 이겨 내고 끝없이 달렸던 한 독일인의 땀이 배어 있기 때문이다. '인생은 아름답고, 역사는 발전한다'는 고故 김대중 대통령의 일기 한 구절은 평생에 걸친 고난의 극복, 용서의 삶이 바닥에 깔려 있기에 진실이다. 진실이기에 빛이 나는 제목이고, 아름다운 제목이다.

제목은 담긴 것을 드러내기 위해 존재한다. 그리고 담긴 것을 상대방과 나누기 위해 존재한다. 그러니 제목의 임무는 먼저 '담긴 것'을 사랑하는 일일 것이다. '함께 나눌 상대방'을 사랑하는 일일 것이다.

실전 어드바이스는 당연히 없습니다.

진실해지는 데는 연습도 조언도 필요 없으니까요.

다음 세대에 전하고 싶은 한 가지는 무엇입니까?

다음 세대를 생각하는 인문교양 시리즈 ●아우름

아우름 시리즈는 계속 출간됩니다.

아우름 29

발견이
전부다

1판 1쇄 발행 2018년 1월 15일
1판 3쇄 발행 2019년 11월 20일

지은이 권덕형
펴낸이 김성구

단행본부 류현수 고혁 홍희정 현미나
디자인 이영민
제 작 신태섭
마케팅 최윤호 나길훈 김영욱
관 리 노신영

표지 패턴 홍서진

펴낸곳 (주)샘터사
등 록 2001년 10월 15일 제1-2923호
주 소 서울시 종로구 창경궁로35길 26 2층 (03076)
전 화 02-763-8965(단행본부) 02-763-8966(마케팅부)
팩 스 02-3672-1873 **이메일** book@isamtoh.com **홈페이지** www.isamtoh.com

ⓒ 권덕형. 2018, Printed in Korea.

ISBN 978-89-464-2078-6 04190
ISBN 978-89-464-1885-1 04080(세트)

이 도서의 국립중앙도서관 출판시도서목록(CIP)은 e-CIP 홈페이지
(http://www.nl.go.kr/cip.php)에서 이용하실 수 있습니다. (CIP제어번호: CIP2017034843)

값은 뒤표지에 있습니다.
잘못 만들어진 책은 구입처에서 교환해드립니다.